Inhaltsangabe

Inhaltsangabe

Inhaltsangabe

Günter Kaiser

Was sucht ihr die Lebenden bei den Toten?
Wege in und aus der Trauer

Inhaltsangabe

Bibliografische Information der Deutschen Nationalbibliothek:
Die Deutsche Nationalbibliothek verzeichnet diese Publikation
in der Deutschen Nationalbibliografie; detaillierte bibliografische
Daten sind im Internet über http://dnb.dnb.de abrufbar

Herstellung und Verlag:
BoD – Books on Demand, Norderstedt

ISBN: 978-3-7519-1822-0

Inhaltsangabe

6

Vorwort

Wie selbstverständlich bekennen wir Christen immer wieder formelhaft unseren Glauben an Jesus Christus und seine Botschaft vom Gottesreich, seine Auferstehung und die Verheißung des ewigen Lebens. Die Worte des apostolischen Glaubensbekenntnisses sind uns, zumindest den regelmäßigen Kirchgängern, so vertraut, dass kaum noch über die einzelnen Aussagen nachgedacht wird. Sobald jedoch ein geliebter Mensch von uns geht, gerät unser Leben und geraten alle unsere Bekenntnisse mit einem Mal aus dem Gleichgewicht. Das geschieht auch dann, wenn dieser Todesfall sich angekündigt hat, erst recht aber, wenn er uns plötzlich und unvorbereitet trifft. In solchen Momenten wird unser Glaube mit einem Mal auf eine harte Probe gestellt. Aus der lieb gewonnenen Theorie wird unverhofft harte Wirklichkeit. Unser Glaubensbekenntnis, das bisher über jeden Zweifel erhaben schien, all die Worte und Texte des ewigen Lebens, die wir ein halbes Leben lang gehört und gebetet haben, werden in solchen Situationen von der Wirklichkeit des Todes und der Trauer überdeckt, wenn nicht gar in Frage gestellt. Unser Glaube versagt in uns gerade dann, wenn er sich am meisten bewähren sollte. Und doch sind die Aussagen der vier Evangelien und die Briefe des Apostels Paulus eindeutig und unmissverständlich: Der Tod ist nicht das Ende, sondern Übergang und neuer Anfang. Einer ist vor uns und für uns diesen Weg gegangen und hat seinen Jüngern das Versprechen auf das ewige Leben gegeben.

Dieses Buch kann und will kein Allheilmittel in der Trauer sein, es soll aber dazu beitragen, einen hoffnungsvollen Blick hinter den Horizont unserer menschlichen . zu werfen. Liebe, die auch über das Sterben hinaus ein Ziel hat, ist keine Sehnsucht in die entstandene Leere hinein, sondern auf ihr Ziel, nämlich einen konkreten Menschen hin ausgerichtet. Diese Ausrichtung erfordert aber den Glauben, dass der geliebte Mensch nicht im Nichts versunken, sondern – in verwandeltem Dasein – weiterhin existent ist.

Ich möchte Sie, liebe Leserinnen und Leser einladen, sich mit mir auf eine kleine Wanderung durch die Trauerzeit oder durch die Zeit der Suche und Standortbestimmung einzulassen, und dabei vielleicht in der Stille die eine oder andere Antwort für sich zu entdecken. Dabei möchte ich eigene Erfahrungen aus vielen Gesprächen mit Freunden, aus der Begleitung zweier Familien, bei denen jeweils und viel zu früh die Ehefrau und Mama durch ein Krebsleiden mitten aus dem Leben gerissen wurden, mit einbringen. Nicht zuletzt kann ich eigene Trauersituationen dazulegen, die mich sehr geprägt haben, und deren hilfreiche Erkenntnisse ich gerne mit Ihnen teilen möchte.

Über Trauer zu schreiben ist eine Gratwanderung, denn jede Trauersituation ist individuell und absolut einzigartig, und es verbietet sich, an richtige und falsche Richtungen oder Verhaltensweisen zu denken. Sollte für Sie dennoch an der einen oder anderen Stelle in diesem Buch dieser Eindruck entstehen, so bitte ich, es mir nachzusehen. Vor dem Hintergrund eigener Erlebnisse ist es nicht einfach, objektiv zu bleiben, oder gar aus dem Blickwinkel eines unbeteiligten Beobachters zu schreiben. Auch wenn der Pfad in diesem Buch am Ende vielleicht nicht Ihr eigener Weg sein wird, lade ich Sie dennoch ein, ihn ein Stück weit mitzugehen und dabei ein klein wenig Trost zu erfahren.

Günter Kaiser

Meinem seligen Vater gewidmet.

Der Abschied

ABSCHIED

Abschied und Einsamkeit

Abschiede und Tränen gehören zusammen wie Brot und Butter. Das können ebenso sichtbare Tränen sein, wie auch eine innere, für andere unsichtbare Traurigkeit oder ein tiefes, vor anderen gut verborgenes Gefühl der Ohnmacht oder des Schmerzes. Es reicht von einem wehmütigen Blick, wenn der Partner oder die Partnerin am Morgen zur Arbeit muss, über die wehmütige Umarmung am Bahnhof oder Flughafen, selbst wenn der Abschied nur für zwei Wochen Urlaub geschieht, bis hin zu den großen emotional aufgeladenen Abschiedsszenen vor einer Auswanderung oder dem Wegzug eines lieben Freundes in eine entfernte Stadt.

Doch kein Abschied ist zu vergleichen mit dem Adieu an einen lieben Menschen bei einem Sterbefall. Unser ganzes Ich wehrt sich vehement gegen einen solchen Augenblick, selbst dann, wenn er absehbar war. Wir schieben die Beschäftigung mit dieser Tatsache endlos lange vor uns her, so als könnten wir den Tod dazu bewegen, die ganze Sache auf sich beruhen zu lassen. Ist es dann doch soweit, reagieren wir überrascht und aufgeschreckt und weigern uns, das Unvermeidliche zu akzeptieren. Bei einer plötzlichen Todesnachricht, etwa nach einem schweren Verkehrsunfall, ist die Fassungslosigkeit auch durchaus zu verstehen, denn es fehlte die gedankliche Vorlaufzeit und die Möglichkeit, sich auf

11

das schwere Ereignis einzustellen. Aber auch nach einer langen, schweren Krankheit, bei der der Tod seine Vorboten mehr als einmal an unsere Türe hat klopfen lassen, übermannt uns im Augenblick des endgültigen Abschieds ein Gefühl des Nicht-wahrhaben-Wollens, das uns buchstäblich die Sprache verschlägt.

Der Sterbefall eines nahen Angehörigen oder Freundes[1] hat akut zumindest ein heilsames Gutes, denn er nimmt uns mit organisatorischen und vorbereitenden Aufgaben derart in Beschlag, dass das Gefühl der großen Leere zunächst einmal aufgeschoben wird. Doch bereits im Zusammenhang mit der Trauerfeier und der Beisetzung wird eine große Distanz spürbar, erst recht in unserem Kulturkreis, in dem von einer Trauerfamilie „respektvoll" Abstand gehalten wird. Wie heilsam wäre jetzt die Integration der primär betroffenen Trauernden in die gesamte Trauergemeinde, wie sie besonders in Mexiko und den südamerikanischen Ländern gang und gäbe ist. Stattdessen bleiben bei uns trauernde Angehörige in einer ominösen „Niemandzone" zwischen Grab und Gemeinde allein stehen. Viele Familien vermeiden diese emotional belastende Situation, indem sie die Beisetzung „im engsten Familienkreis" feiern. Das wiederum hat zur

---

[1] Zum einfacheren Lesen benutze ich meist jeweils nur eine Geschlechterform. Das jeweils andere Geschlecht ist ausdrücklich mit gemeint.

Folge, dass andere Mittrauernde, wie Schulfreunde, Nachbarn oder Arbeitskollegen, außen vor bleiben müssen.

Wenige Tage nach der Beisetzung endet die Zeit des Mitgefühls, denn die Menschen der unmittelbaren Umgebung kehren zu ihrem Tagesgeschäft zurück. Damit verstärkt sich die bedrückende Stimmung zwischen Einsamkeit und Ohnmacht, und es bleibt nur eine große Leere zurück. Diese deprimierende Lage verstärkt sich an geprägten Zeiten wie Weihnachten, Geburts- oder Hochzeitstagen oder Familienzusammenkünften noch, denn ein Stuhl bleibt jetzt leer. Manche Trauernden stürzen sich in die Arbeit oder sonstige Aktivitäten, sie verstecken sich nicht und igeln sich nicht zuhause ein, sie nehmen so bald wie möglich wieder am Gemeindeleben teil. Glücklich, wer auch in der Begegnung mit dem Sterben das Leben nicht aus dem Blick verliert. Andere wiederum halten genau das für pietätlos. Sie trauen sich nur in schwarzer oder gedeckter Kleidung aus dem Haus und vermeiden tunlichst jeden lichten Augenblick, erst recht ein Lächeln oder gar ein Lachen.

Im einen wie auch im anderen Fall ist es für Außenstehende sehr schwierig, die wahre Gefühlslage des oder der Trauernden einzuschätzen. So kann ein extrovertierter Mensch, der auch in der Trauer schnell wieder die Gemeinschaft mit seinem Umfeld sucht, in stillen Momenten von einem lähmenden Ohnmachtsgefühl überwältigt werden, während der stille Hinterbliebene, der seine Tränen auch nach außen nicht

13

verbirgt und seine Trauer in dunkler Kleidung kundtut, in besinnlichen Momenten mit seinem Verstorbenen in inniger Zweisamkeit verbunden sein. Dann aber gibt es noch Menschen, die in ihrer Trauer gar keine Grenzen mehr kennen, die im Selbstmitleid erstarren und manchmal auch andere, vielleicht Mittrauernde zutiefst verunsichern und sogar verletzen. Bei ihnen steht manchmal schon nach kurzer Zeit nicht mehr der Verstorbene im Mittelpunkt des Interesses, sondern die eigene Opferrolle, die immer mehr und noch mehr Zuwendung und Mitgefühl anderer für sich beansprucht. Ihnen Wege aus ihrem selbst gebauten Gefängnis aufzuzeigen ist ungleich schwieriger als „normale" Trauerbegleitung zu leisten und setzt einen langen Atem voraus. Erst wenn die Egozentrik als alleiniges Opfer der Situation überwunden werden kann, wird sich ein Mensch „unversöhnlicher, schwarzer Trauer" wieder als „ein" Teil des gesamten Trauerprozesses betrachten, der auch andere, Angehörige und Freunde des Verstorbenen mit einschließt.

In den folgenden Teilen dieses ersten Kapitels möchte ich Sie, liebe Leserinnen und Leser einladen, eine akute erste Phase des Trauerprozesses zu erleben und sich auf die damit verbundenen Emotionen der Verzweiflung, der Hilf- und temporären Hoffnungslosigkeit einzulassen. Obwohl ich dazu bewusst die subjektive Ich-Form gewählt habe, möchte ich Sie ermutigen, daran mit Ihren eigenen, persönlichen Empfindungen teilzuhaben.

Der erste Besuch an Deinem Grab

Ich mache mich wieder einmal auf zum Friedhof, obwohl ich schon vorher genau weiß, dass es wie immer ein schmerzhaftes Erlebnis sein wird. Aber was ist mir sonst von Dir geblieben?

Ich gehe langsam an den vielen Gräbern vorüber. Alte Grabsteine, Jahreszahlen aus längst vergangenen Zeiten. Über diese Trauerfälle ist längst Gras gewachsen, sinnbildlich und – beim Betrachten der Gräber – zum Teil auch tatsächlich. Wie viele Tränen sind vor diesen steinernen Zeitzeugen schon geflossen? Viele Namen berühren mich auch persönlich, ihre Gesichter tauchen noch wohlbekannt in meiner Erinnerung auf. Und doch sind oft schon mehrere Jahre vergangen. Heilt die Zeit wirklich alle Wunden?

Dann liegt dieser Weg an vielen Kreuzen vorbei hinter mir und ich stehe an Deinem Grab. Ich bin froh, dass ich allein hier bin, und doch spüre ich dadurch meine Einsamkeit umso deutlicher. Unsicher und verlegen suchen meine Hände irgendwo Halt. Ich lege – zum hundertsten Mal – die Schleifen des Blumengebindes wieder zurecht, zupfe eine verwelkte Blüte ab, scharre mit meinem Fuß die frische Erde ein wenig zusammen. Es sind hilflose Gesten, was soll ich auch sonst tun? Eigentlich sollte ich jetzt nicht hier stehen. Eigentlich dürftest auch Du nicht hier sein. Wieso setzt uns das Leben so schrecklich zu? Wozu der Tod? Wofür das

15

Sterben, wozu gerade Dein Sterben? Wo ist der Sinn? Ist nicht alles sinnlos?

Meine Augen zeichnen zärtlich die Konturen der Buchstaben Deines Namens auf dem schlichten Holzkreuz nach. Dein Name, mir so vertraut, bezeichnete mir immer ein lebendiges Gegenüber, ein Gesicht – Dein Gesicht, Deine Sprache, Dein Lachen, das Du in mir. Und jetzt? Dein Name, vor wenigen Tagen in der Traueranzeige, füllt meine Augen mit Tränen. Ich komme jeden Tag hierher, versuche Deine Nähe aufrecht zu erhalten. Ich kann mir nicht vorstellen, dass diese Besuche jemals weniger werden oder aufhören. Ich werde mich dagegen wehren, Dein Bild in meinem Herzen verblassen zu lassen, niemals wird das geschehen, obwohl mich die anderen Gräber eines Besseren belehren. Ich verschiebe den heutigen Abschied von Dir von Minute zu Minute, bis es dann doch soweit sein muss, und ich mich, immer noch total aufgewühlt, schließlich auf den Heimweg mache.

Meine Ohnmacht – Gebet und Hilfeschrei

Ich stehe hier mit leeren Händen, mit leeren Augen, mit leerer Seele. Ich glaubte an das Leben, was kümmerte mich der Tod? Unbekümmert lebte ich in den Tag hinein, von der Unsterblichkeit beflügelt. Nun liegt dieses Grab auf meinem Weg wie eine Ruine meiner Hoffnungen. Ich drohe zu ertrinken in dieser Ausweglosigkeit; mein Gott, mein Gott, warum hast Du mich verlassen?

16

Ich wollte, es wäre jetzt Nacht um mich herum, das Licht der Sonne kränkt meine brennenden Augen. Ich versuche das Singen der Vögel aus meinen Ohren zu verbannen, ihre Lebensfreude ist für mich wie eine Beleidigung.

Wie soll es mit meinem Leben weitergehen, da mir das Liebste genommen wurde?
Mein Gott, mein Gott, ich erwarte eine Antwort von Dir, ich flehe, ich schreie, doch meine Gedanken bleiben leer.

Meine Gedanken bleiben leer, ich schreie meine Fragen stumm aus mir heraus, doch niemand antwortet mir. Ich hoffe auf eine Hand, die mich hält, doch ich greife ins Leere. Ich weine still in mich hinein, doch wen kümmert es? Ach, könnte ich doch das Geschehene ungeschehen machen. Ach könntest Du mir, wenigstens ein einziges Mal, erscheinen und mich trösten. Könnte ich doch nur für einen Augenblick erfahren, wo Du jetzt bist – ob Du überhaupt noch irgendwo bist. Nützen mir Glaube und Hoffnung noch? Hat meine Liebe zu Dir noch ein Gegenüber? Oder schweigt die Dunkelheit für immer und wächst das Gras ein für allemal über Dein Grab?

Mit unserer persönlichen Verzweiflung stehen wir offenbar zunächst einmal ganz einsam und allein da. Dabei lohnt gerade in dieser Situation ein Blick in die heilige Schrift. Das

Buch der 150 Psalmen ist voll von verzweifelten und flehenden Gebeten, in denen oft auch Anklage gegen Gott selbst erhoben wird, der das Unheil scheinbar zulässt, ohne etwas dagegen zu unternehmen:

Klage eines Kranken

Herr, du Gott meines Heils, zu dir schreie ich am Tag und bei Nacht. Lass mein Gebet zu dir dringen, wende dein Ohr meinem Flehen zu! Denn meine Seele ist gesättigt mit Leid, mein Leben ist dem Totenreich nahe. Schon zähle ich zu denen, die hinabsinken ins Grab, bin wie ein Mann, dem alle Kraft genommen ist. Ich bin zu den Toten hinweggerafft wie Erschlagene, die im Grabe ruhen; an sie denkst du nicht mehr, denn sie sind deiner Hand entzogen.

Du hast mich ins tiefste Grab gebracht, tief hinab in finstere Nacht. Mein Auge wird trüb vor Elend. Jeden Tag, Herr, ruf ich zu dir; ich strecke nach dir meine Hände aus. Wirst du an den Toten Wunder tun, werden Schatten aufstehen, um dich zu preisen? Erzählt man im Grab von deiner Huld, von deiner Treue im Totenreich? Werden deine Wunder in der Finsternis bekannt, deine Gerechtigkeit im Land des Vergessens?

Herr, darum schreie ich zu dir, früh am Morgen tritt mein Gebet vor dich hin. Warum, o Herr, verwirfst du mich, warum verbirgst du dein Gesicht vor mir? Über mich fuhr die Glut deines Zorns dahin, deine Schrecken vernichten mich. sie umfluten mich allzeit wie Wasser und dringen auf mich ein von allen Seiten. Du hast mir die Freunde und

Gefährten entfremdet; mein Vertrauter ist nur noch die Finsternis.
(Psalm 88)

An diesem Punkt, liebe Leserinnen und Leser, ist eine erste
Zäsur angebracht. Wir haben eine zutiefst verängstigende
und schmerzliche Situation am frischen Grab durchlebt und
wollen uns, noch ganz von dem Erlebten eingenommen,
wieder auf den Rückweg in unsere gewohnte Umgebung
machen. Wir verlassen den Friedhof und bleiben vor einem
gedachten „Wegweiser" stehen, der – ob wir es wollen oder
nicht – eine Entscheidung verlangt.

Der erste Wegweiser: Am Friedhof

zurück oder weiter?

Wozu steht hier dieser Wegweiser? Verlangt er von mir eine
Entscheidung? Kann ich mich überhaupt für eine Richtung
entscheiden? Und wenn ja, ist es für mich die richtige Wahl?
Gibt es überhaupt eine richtige und eine falsche Entscheidung, und wer bestimmt darüber?

19

Egal, für welche Seite Sie, liebe Leser, sich entscheiden, es ist Ihre Wahl und Ihr Weg. Es gibt kein universelles „Richtig" oder „Falsch", denn nur für Sie soll die gewählte Richtung stimmig sein. Und Ihre jetzige Wahl bedeutet auch nicht, sich ein für alle Mal darauf festzulegen, sondern die Freiheit zu bewahren, die Richtung Ihrer Gemütslage entsprechend auch wieder zu wechseln und die andere Möglichkeit ebenfalls auszuprobieren. Seien Sie absolut frei und lassen sich in keine der beiden nachfolgend beschriebenen Richtungen drängen.

Erste Möglichkeit: Ich bleibe hier stehen, den Blick zurück zum Friedhof gerichtet,

- Weil ich noch sehr viel Zeit für meine eigene Trauer benötige

- Weil ich Dich (noch) nicht loslassen kann und will

- Weil ich das Geschehene nicht akzeptieren kann

- Weil andere mich sonst für pietätlos halten

- Weil es die (örtliche) Tradition so von mir verlangt

- Weil die Leute sonst über mich reden

Jedes einzelne dieser „Weil…" kann mich zum Stehenbleiben bewegen. Doch ist es gut, dieses „Weil…" zu kennen und seine Bedeutung für mich selbst abzuwägen. Es ist völlig in Ordnung stehenzubleiben, weil ich einfach noch mehr Zeit für meine persönliche Trauer benötige. Diese Zeit kann individuell sehr unterschiedlich lang sein, und ich sollte mir die erforderliche Zeit zugestehen, egal wie lange sie ist. Das Loslassen ist alles andere als einfach. Das versteht jede(r), der als Mutter oder Vater ein Kind in seine Unabhängigkeit entlassen muss, oder der nach vielen Jahren eine liebgewonnene Gewohnheit, z. B. das Rauchen, aufgeben möchte, oder der von seinem Haus- und Grundbesitz Abschied nimmt. Das Loslassen braucht Zeit, und zwar individuell unterschiedlich viel davon. Auch der Hader mit dem Geschehenen oder mit Gott kann mich zum Stehenbleiben bewegen. Wie ein Kind bin ich überzeugt davon, mit meinem Stehenbleiben die Situation doch noch zu meinen Gunsten umzukehren. Die Erkenntnis, dass das nicht funktionieren kann, braucht vielleicht eine sehr, sehr lange Zeit zum Reifen.

Ganz anders verhält es sich mit den weiteren „Weil…". Hier lasse ich mir die Entscheidung zum Stehenbleiben von außen aufdrängen oder gar aufnötigen. „Weil … man es halt so oder so tut" ist ein viel gehörtes Argument oder auch eine Ausrede, sich vor einer eigenen Entscheidung zu drücken. Doch wer ist „man" oder wer sind „die Leute"? Glaube ich wirklich ernsthaft, eine Gruppe von „Leuten" steht permanent zusammen und wartet, bis ich in ihren Augen einen „Fehler" begehe? Ist es nicht eher so, dass zwischen den

„Leuten" so viele verschiedene Meinungen existieren, wie es „Leute" sind? Und wer sind denn überhaupt diese „Leute", vor denen ich solchen Respekt habe? Kenne ich einzelne Namen? Spricht mich jemand auf mein Verhalten an? Weist mich jemand zurecht? Oder benutze ich diese virtuelle, gedachte Menschengruppe nur dazu, ein vermeintlich richtiges Verhalten vor mir selbst zu verteidigen? Was für „die Leute" gilt, gilt noch viel stärker für alte Traditionen. „Man" macht es halt so, wie es „schon immer" gemacht wurde. Bei genauerer Betrachtung erweisen sich solche Traditionen oftmals als gedankliche Seifenblasen, denn sie berichten von Gewohnheiten, die manchmal nicht ansatzweise so alt sind als gedacht. Auch hierbei kann ich der Versuchung verfallen, aufgrund solcher „Traditionen" meinem Herzensweg zu widerstehen und ein Verhalten anzunehmen, das mir — gerade in meiner Trauerzeit — mehr schadet als nützt.

Es ist also sehr hilfreich, den oder die Gründe meines Stehenbleibens zu verstehen und für mich zu benennen. Dabei darf ich mich nicht vor mir selbst verstellen und verstecken, ich darf mich nicht selber belügen oder mein Herz achtlos beiseite lassen. Wenn ich mich hier und jetzt, nach sorgfältiger Erwägung, vor diesem ersten Wegweiser für das Stehenbleiben entscheide, dann ist das vollkommen in Ordnung und keineswegs falsch.

Vielleicht tut mir gerade dieses Verharren gut, und ich möchte erst einmal abwarten, bevor ich überhaupt an einen

22

weiteren Schritt denke. Oder ich kann mir überhaupt (noch) nicht vorstellen, überhaupt von hier weg zu gehen und Dich hier zurück zu lassen. Oder aber ich möchte gerne weitergehen, schaffe es aber nicht, weil mir die Trauer meine gesamte Kraft geraubt hat. Es wäre nicht gut, meine Schritte dann mit Gewalt in eine andere Richtung zu zwingen. Dann dürfen Sie auch gerne dieses Buch zur Seite legen, bei diesen ersten Emotionen getrost zu verweilen und den ersten Besuch am Grab sowie die ohnmächtige Klage noch einmal oder mehrfach zu reflektieren. Das Herz wird mich zu gegebener Zeit anregen, die andere Seite des ersten Wegweisers in den Blick zu nehmen.

Zweite Möglichkeit: Ich gehe weiter

- Weil ich das Geschehene ohnehin nicht rückgängig machen kann

- Weil ich den Glauben an das Leben nicht verloren habe

- Weil mein Leben trotz allem weitergehen muss und kann

- Weil ich gebraucht werde und eine Aufgabe habe

- Weil es mir egal ist, was andere über mich denken

- Weil Du das so gewollt hättest

Auf dieser Seite des Wegweisers gibt es viele „Weil…", und schon ein einzelnes davon hätte mich zum Weitergehen bewogen. Auch wenn ich mich jetzt für das Weitergehen entscheide, heißt das nicht, dass ich Dich und die Trauer um Dich hinter mir lasse. Auch wenn ich den Friedhof jetzt verlasse und ein kleines Stück weit in eine wie auch immer geartete Normalität zurückkehre, werde ich doch morgen wieder hierherkommen. Und doch weiß ich, dass dies nicht der Ort sein wird, an dem ich mich hauptsächlich aufhalten werde. Das hättest Du auch gar nicht gewollt oder von mir verlangt. „Mach weiter" war immer Deine Losung, und „gib niemals auf". Daran erinnere ich mich und nehme mir vor, auch in der größten Verzweiflung an Deinem guten Rat festzuhalten. Und schließlich habe ich noch viele Aufgaben im Leben, ich werde auch weiterhin gebraucht, und darum kann ich den Kopf nicht hängen lassen.

Doch auch wenn ich mich entschlossen habe, den Weg im Leben konsequent weiterzugehen, ist mir doch klar, dass ich mich auf unbekanntes Terrain begebe. Ich muss erst lernen, den Weg, den ich zuvor mit Dir gemeinsam gegangen bin, nun allein zu beschreiten. Vielleicht wird später statt Deiner wieder jemand an meiner Seite gehen, aber über das kann und will ich im Moment noch gar nicht nachdenken. Mein Leben wird erst einmal völlig umgekrempelt werden. Der vertraute Ratschlag wird mir sehr fehlen, und ich werde auch darauf verzichten müssen, von Dir tröstend in den Arm genommen zu werden. Und doch fühle ich in mir ein Quäntchen Selbstvertrauen, da ich weiß, dass Du mich zu Mut und zum Weitergehen ermuntert hättest – oder hast? Da können und sollen andere über mich denken was sie wollen, den Weg habe ich alleine zu verantworten, und in mein Inneres sieht niemand von den „Leuten". So gehe ich nun in diese Richtung und hoffe, dass die liebevolle Erinnerung an Dich mir dabei hilft.

Leid-Zeit

Was ist es, das einen Abschied und die Trennung so schmerzhaft sein lässt?

Es ist doch gar nicht so sehr der Abschied an sich, sondern es ist die Dauer der Trennung, die uns seelische Pein bereitet. Wenn wir wissen, dass der geliebte Mensch nach wenigen Stunden oder nach ein bis zwei Tagen wieder zurückkehrt, so werden wir das wohl eher nicht als schmerzvoll erfahren. Selbst beim Abschied vor einer sechswöchigen Auslandstätigkeit, bei dem vielleicht ein paar Tränen fließen, wird uns das Rückkehrdatum relativ schnell über die Trennung hinweghelfen. Doch bereits bei einer Auswanderung oder einer Scheidung nach langen Jahren des Beisammenseins kann es sein, dass einer oder beide Partner niemals darüber hinwegkommen. Und ganz besonders bei einem

Sterbefall mit seiner Endgültigkeit kann die Trennung zur nie endenden Tragödie werden.

Zeit heilt alle Wunden, lautet ein altes Sprichwort. Stimmt das denn?

Freiheitsstrafen dauern analog der Schwere der Vergehen mehr oder weniger lang. Ein paar Minuten in der prallen Sonne machen uns nichts aus, nach einer Stunde oder mehr bekommen wir einen heftigen und schmerzhaften Sonnenbrand, und jeder kann das folgende Experiment selbst ausprobieren: Fahren wir mit unserem Finger schnell durch eine Kerzenflamme, so spüren wir nicht einmal etwas. Verharren wir jedoch ein wenig zu lange im Feuer, verbrennen wir uns die Finger. Leid ist daher nur primär von seiner Ursache abhängig, viel mehr aber von der Zeit, die wir es aushalten müssen. Insofern kann ich dem zitierten Sprichwort nur sehr bedingt zustimmen, denn die Zeit heilt keine Wunde, sondern sie ist der Hauptfaktor des Leides. Wenn also schon zwei Sekunden in einer Flamme oder mehrere Jahre in einer Justizvollzugsanstalt als schmerzlich empfunden werden, wie sehr trifft das wohl auf ein gefühlt endloses Leiden, wie bei einem einen Todesfall zu? Gewiss, der akute Schmerz lässt auch nach einem Sterbefall mit der Zeit nach, jedoch bleibt die Wunde, die er gerissen hat.

Deshalb möchte ich mich im nächsten Kapitel der Frage widmen, ob das Leid nach einem Sterbefalles wirklich so endlos ist, wie wir es empfinden. Der christliche Glaube hat als Symbol ein Kreuz, denn wir glauben an Einen, der den Schmerz des Sterbens und des Abschiednehmens am eigenen Leib erfahren hat. Dennoch gilt das Kreuz nach christlicher Überzeugung als Zeichen der Hoffnung. Ebenfalls mit einem Kreuz wird das Sterbedatum markiert, und auch auf den Gräbern in unserem Kulturkreis zieren Kreuze die Grabsteine. Nur Zufall?

Der Glaube

28

GLAUBE

Ich bin die Auferstehung und das Leben. Wer an mich glaubt wird leben, auch wenn er stirbt (Johannes 11,25)

Kern des christlichen Glaubens ist der Kreuzestod und die Auferstehung des Jesus von Nazareth, wie sie die vier kanonischen Evangelien sowie weitere Schriften des Neuen Testamentes, allen voran die Briefe des Paulus von Tarsus, bezeugen. Wenn wir uns also der Botschaft Jesu nähern möchten, so können wir es nur von diesen zentralen Geschehnissen zwischen Karfreitag und Ostermorgen her tun. Es ist eine einfache binäre Entscheidung: Verneinen wir die leibliche Auferstehung Jesu, so können wir auch sämtliche sonstigen Aussagen und Taten Jesu aus unserem Gedächtnis streichen, denn sie würden auf einem Irrtum beruhen. Ist der Mann aus Nazareth nach seinem schrecklichen Tod im Grab geblieben, so kann das gesamte Neue Testament, wenn nicht sogar die Heilige Schrift an sich ins Reich der Fabeln, Märchen und Hirngespinste verwiesen werden. Anders ist es hingegen, wenn wir die Auferstehung Jesu als bezeugte Tatsache akzeptieren und „glauben". Mit unserem Ja geben wir auch allen anderen Worten und Taten Jesu eine umfängliche Legitimation, die wir in unser eigenes Leben übersetzen und danach handeln können.

29

„Glauben heißt, nicht wissen". Wer so argumentiert, verwechselt „glauben" mit vermuten, annehmen und spekulieren. Das aber ist nicht der Sinn des Begriffs Glaube.

Das deutsche Wort *Glaube* entstammt dem indogermanischen Wort *leubh*, und bedeutet soviel wie gutheißen, loben, für lieb erklären oder liebhaben, und meint den Zustand des Vertrauens, der Treue, des Sich-auf-jemanden-Verlassens. Das entsprechende lateinische Wort *credo* zielt in dieselbe Richtung und meint „sein Herz an etwas binden".

Streichen wir also die unwahre Bedeutung „nicht wissen" aus diesem Kontext und betrachten die Begriffe Glaube/glauben etwas genauer. „Ich glaube dir" meint, „ich vertraue darauf, dass du (mir) die Wahrheit sagst. „Ich glaube an dich" geht noch wesentlich tiefer: „Ich vertraue dir so sehr, dass ich mich (blind) auf dich verlasse". Doch Glaube verlangt eben nicht von uns, „blind" auf Traditionen, Aussagen von anderen oder Lehrmeinungen zu hören und sie ein für allemal als gegeben anzuerkennen. Glaube ermuntert vielmehr, uns selbst auf Spurensuche zu begeben und zu unserer eigenen, ganz persönlichen Erkenntnis zu gelangen. Die Zeiten, in denen uns irgendjemand vorgegeben hat, was zu „glauben" sei, sind seit Beginn der Aufklärung ein für allemal vorbei, auch wenn ewige Traditionalisten und Erzkonservative das Rad der Geschichte am liebsten zurückdrehen möchten. Auch Jesus selbst hat verstanden, dass zur richtigen Glaubensfindung auch Hilfen, etwa in Form von visuellen Beweisen erforderlich sind und hat sie seinen Jüngern nicht vorenthalten. So durfte der zweifelnde Apostel Thomas mit eigenen Augen die Kreuzigungswunden Jesu sehen und sie sogar berühren. Und auch wir heutigen Menschen haben das Recht, zu hinterfragen und unseren christlichen Glauben so zu untermauern. Die Antwort Jesu an Thomas: *Selig sind, die nicht sehen und doch glauben (Johannes 20,29)* verbietet uns nicht die Erforschung unseres Glaubens. Glaube aufgrund persönlicher Überzeugung ist zweifelsfrei größer und wertvoller als Glaube aufgrund von Traditionen.

Wie aber können wir die leibliche Auferstehung des Jesus von Nazareth glauben? Es gibt weder Bilder noch Videos des Ereignisses, und kein einziger Zeuge hat mit angesehen, wie Jesus die Augen aufgeschlagen hat, sich von seiner Grabbank erhoben hat und aus der Gruft herausgetreten ist. Sämtliche Osterberichte beginnen erst mit der Auffindung des leeren Grabes.

Das leere Grab

Am ersten Tag der Woche gingen die Frauen mit den wohlriechenden Salben, die sie zubereitet hatten, in aller Frühe zum Grab. Da sahen sie, dass der Stein vom Grab weggewälzt war; sie gingen hinein, aber den Leichnam Jesu, des Herrn, fanden sie nicht. Während sie ratlos dastanden, traten zwei Männer in leuchtenden Gewändern zu ihnen. Die Frauen erschraken und blickten zu Boden. Die Männer aber

31

sagten zu ihnen: Was sucht ihr den Lebenden bei den Toten? Er ist nicht hier, sondern er ist auferstanden. Erinnert euch an das, was er euch gesagt hat, als er noch in Galiläa war: Der Menschensohn muss den Sündern ausgeliefert und gekreuzigt werden und am dritten Tag auferstehen. Da erinnerten sie sich an seine Worte. Und sie kehrten vom Grab in die Stadt zurück und berichteten alles den Elf und den anderen Jüngern. Es waren Maria Magdalene, Johanna und Maria, die Mutter des Jakobus; auch die übrigen Frauen, die bei ihnen waren, erzählten es den Aposteln. Doch die Apostel hielten das alles für Geschwätz und glaubten ihnen nicht. Petrus aber stand auf und lief zum Grab. Er beugte sich vor, sah aber nur die Leinenbinden dort liegen. Dann ging er nach Hause, voll Verwunderung über das, was geschehen war. (Lukas 24,1-12)

Um der Glaubwürdigkeit dieses Berichtes und damit den gesamten Evangelien zuzustimmen oder sie abzulehnen, sollten wir uns zuerst einmal die Jüngergruppe, die Apostel des Jesus von Nazareth, näher anschauen. Zu Beginn seines öffentlichen Wirkens, das mit ca. drei Jahren angenommen werden kann, wählt Jesus einige Männer und Frauen aus, die ihn auf seinen Wanderungen durch Palästina begleiten sollen. Der Kern dieser Gruppe besteht aus einfachen Fischern des Sees Genezareth, aus Handwerkern, einem Steuereintreiber (Zöllner), einer Jüngerin, die manche für eine ehemalige Prostituierte halten, und anderen. Gebildete und Weise sucht man in der bunt zusammen gewürfelten Schar vergebens. Den Inhalt der komplexen Verkündigungen verstehen sie oftmals nicht, so dass Jesus ihnen den Sinn seiner Botschaft immer wieder in Gleichnissen und Bildreden verständlich machen muss. Mehr als einmal stellen sie die Aussagen Jesu in Frage, besonders wenn es um die Leidensankündigungen geht. Der Vorstellung ihres Volkes folgend, erwartet auch diese Jüngergruppe einen Messias, der das Land endlich von der damals verhassten Römerherrschaft befreit.

Als Jesus und seine Anhänger zum Pessachfest nach Jerusalem kommen, spitzt sich die Lage dramatisch zu. Die Aristokratie der Tempelpriesterschaft, von Jesus mehrmals scharf kritisiert, sucht nach einem geeigneten Weg, den merkwürdigen Wanderprediger aus dem Weg zu räumen. Als die Tempelwache Jesus schließlich in einem einsamen Garten außerhalb der Stadt zu nächtlicher Stunde ergreift, flüchtet die Jüngerschar in alle Richtungen. Selbst Simon Petrus, einer der ersten Apostel, leugnet hartnäckig, diesen Jesus jemals gekannt zu haben. Mit dem Kreuzestod Jesu zerplatzen alle Vorstellungen, Wünsche und Visionen der Jünger wie Seifenblasen. Da sie um ihr eigenes Leben fürchten, verbergen sie sich nachts in Jerusalem hinter verschlossenen Türen, wie die Evangelien berichten. Sobald Gras über die Sache gewachsen ist, würden sie sich still und heimlich zurück in ihre Heimatdörfer schleichen und wie in der Zeit vor ihrer Bekanntschaft mit dem vermeintlichen Messias ihren alten Berufen wieder nachgehen. In ein paar Jahren würde niemand mehr ein Wort über das Geschehene verlieren.

Doch dann kommt es ganz anders. Am dritten Tag nach dem schrecklichen Kreuzestod finden zuerst einige Frauen, dann auch Simon Petrus und andere Jünger, Jesu Grab leer vor. Aus ersten Zweifeln wird schnell freudige Gewissheit, als sich Jesus lebendig in ihrer Mitte zeigt, sie mit ihm essen und trinken, und ihn sogar berühren dürfen. Die ganze Verkündigung vom Reich Gottes, von Tod und Auferstehung war keine hohle Geschichte, sondern ist die Wahrheit, sichtbare und greifbare Realität. Die alte Ängstlichkeit weicht von den Aposteln, mutig und ohne Zögern beginnen sie Zeugnis zu geben davon, dass einer aus dem Tod zurück gekehrt ist. Später werden auch sie verfolgt, gefangen genommen, gequält und gefoltert, erleiden Gefängnis und Märtyrertod, ohne jedoch jemals von ihrer Glaubensüberzeugung abzuweichen.

Nur ein nie da gewesenes, alles in den Schatten stellendes, überwältigendes Ereignis kann aus einer Gruppe von Angsthasen und Zweiflern todesmutige Zeugen gemacht haben. Einfache Menschen, wie es diese Apostel waren, wären niemals auf die Idee gekommen, sich die Geschichte eines leidenden und sterbenden Messias nur auszudenken. Alle vier Evangelien benennen Frauen als erste Zeugen der Auferstehung. Der Autor einer erfundenen Story wäre gewiss auch nicht auf diese Idee gekommen, galten doch Frauen in der Antike als unzuverlässige Zeugen, denen normalerweise erst nach der Bestätigung durch mehrere Männer geglaubt wurde. Doch die Evangelisten, und vor ihnen die ersten mündlichen Überlieferungen bleiben dabei, dass die ersten – sehr glaubwürdigen – Zeugen Frauen waren.

Schon kurze Zeit nach diesen ersten Ereignissen taucht dann noch ein weiterer Zeuge auf, der für den neuen Glauben sein bisheriges Leben total umkrempelt und eine viel - versprechende Karriere als jüdischer Gesetzeslehrer und einflussreicher Pharisäer in den Wind schießt – Paulus aus Tarsus. Von den Uraposteln kann er, der erst noch die Christengemeinden blutig verfolgt hat – keinerlei Sympathie erwarten. Von den gesetzestreuen Juden wird dieser „Verräter" gehasst und verfolgt. Sein weiteres Leben stellt er trotzdem voller Überzeugung in den Dienst der Mission und der Verkündigung Jesu, er landet mehrmals im Kerker und erleidet am Ende den Märtyrertod.

Wenige Jahrzehnte später hat sich die neue Religion bereits im gesamten östlichen Mittelmeerraum und in die damaligen Metropolen Rom, Athen, Thessaloniki, Korinth und andere Orte ausgebreitet. Die Glaubwürdigkeit der Augenzeugen und später ihrer Schüler wird allgemein anerkannt. Dreihundert Jahre später wird das Christentum Staatsreligion im römischen Reich. Alles nur Hirngespinste um einen gekreuzigten Wanderprediger?

35

Ich möchte diese Überlegungen einige Minuten auf Sie, liebe Leserinnen und Leser wirken lassen, und dabei noch einmal resümieren:

- Konnten sich einfache Menschen eine solche Geschichte ausdenken?
- Wer käme auf die absurde Idee, in einer erfundenen Geschichte den Titelhelden den Schandtod am Kreuz sterben zu lassen?
- Wer würde für eine erfundene Geschichte bewusst Leib und Leben riskieren?
- Wer würde für eine Glaubensverkündigung Karriere und Anerkennung opfern?
- Warum wurden aus ängstlichen Zweiflern von einem Tag zum anderen todesmutige Zeugen, die ihr ganzes weiteres Leben für die Verbreitung des Evangeliums einsetzten?
- Wieso konnte eine so unglaubliche Geschichte in kurzer Zeit so viele Menschen überzeugen?

Die folgende Erzählung aus dem Markusevangelium soll den Glauben und das „blinde" Vertrauen aufzeigen, die Jesus bereits in seiner irdischen Zeit entgegengebracht wurden:

Ich möchte wieder sehend werden

Sie kamen nach Jericho. Als er mit seinen Jüngern und einer großen Menschenmenge Jericho wieder verließ, saß an der Straße ein blinder Bettler, Bartimäus, der Sohn des Timäus. Sobald er hörte, dass es Jesus von Nazaret war, rief er laut: Sohn Davids, Jesus, hab Erbarmen mit mir! Viele wurden ärgerlich und befahlen ihm zu schweigen. Er aber schrie noch viel lauter: Sohn Davids, hab Erbarmen mit mir! Jesus blieb stehen und sagte: Ruft ihn her! Sie riefen den Blinden und sagten zu ihm: Hab nur Mut, steh auf, er ruft dich. Da warf er seinen Mantel weg, sprang auf und lief auf Jesus zu. Und Jesus fragte ihn: Was soll ich dir tun? Der Blinde antwortete: Rabbuni, ich möchte wieder sehen können. Da sagte Jesus zu ihm: Geh! Dein Glaube hat dir geholfen. Im gleichen Augenblick konnte er wieder sehen, und er folgte Jesus auf seinem Weg. (Markus 10, 46-52)

Bartimäus ist blind. Diese Behinderten galten als von Gott verworfen und wurden von den Menschen, besonders von den strenggläubigen Pharisäern, verachtet und gemieden. So wird auch verständlich, dass das aus dem Umfeld des Blinden ärgerliche Reaktionen kommen, als der Blinde den bekannten Wanderprediger anzusprechen wagt. Doch Bartimäus setzt alles auf eine Karte; er wirft seinen Bettlermantel weg; seinen wichtigsten Besitz, auf dem er tagsüber sitzt und der ihn in der Nacht einhüllt, und rennt auf Jesus zu. Er traut diesem Fremden zu, ihm helfen zu können. Er vertraut so sehr darauf, dass er seinen gesamten Besitz hinter sich lässt. Er glaubt an den Mann, der ihn zu sich ruft. Und dieser bedingungslose Glaube ist schließlich der Schlüssel zu seiner Heilung. Bartimäus wird wieder sehend und folgt Jesus als Jünger auf seinem Weg.

„Liebe macht blind" heißt ein Sprichwort. Und auch auf die Trauer kann das durchaus zutreffen. Mit Tränen in den Augen kann ich nicht klar sehen. Kann es also sein, dass die Trauer meine Wahrnehmung in der Art beeinflusst, dass der Glaube, den ich mein Leben lang bekannt und gelebt habe, mit einem Mal in Zweifel gezogen wird? Es geht mir so wie Bartimäus, den seine Blindheit an den Platz auf seinem Mantel und vor dem Stadttor von Jericho gefesselt hat. Ich lasse mich in meiner blinden Hoffnungslosigkeit an Orte fesseln, die ich mit meiner Trauer verbinde: An den Friedhof, an die Palliativstation oder den Unfallort, an dem mein geliebtes Gegenüber aus dieser Welt geschieden ist. Mit meinen Tränen bin ich blind für die Hoffnungszeichen, die mir mein Glaube setzen möchte. Sehend kann ich erst wieder werden, wenn ich die Fesseln der hoffnungslosen Orte und Zeiten ablege und auf Jesus zugehen kann. Doch noch überwiegen meine Zweifel. Auch die Jünger Jesu wurden immer wieder mit Mutlosigkeit und Glaubenszweifeln konfrontiert, wie es die folgende Geschichte aus dem Matthäusevangelium verdeutlicht:

Warum hast du gezweifelt?

Gleich darauf drängte er die Jünger, ins Boot zu steigen und an das andere Ufer vorauszufahren. Inzwischen wollte er die Leute nach Hause schicken. Nachdem er sie weggeschickt hatte, stieg er auf einen Berg, um für sich allein zu beten. Als es Abend wurde, war er allein dort. Das Boot aber war schon viele Stadien vom Land entfernt und wurde von den Wellen hin und her geworfen; denn sie hatten Gegenwind. In der vierten Nachtwache kam er zu ihnen; er ging auf dem See. Als ihn die Jünger über den See kommen sahen, erschraken sie, weil sie meinten, es sei ein Gespenst, und sie schrien vor Angst. Doch sogleich sprach Jesus zu ihnen und sagte: Habt Vertrauen, ich bin es; fürchtet euch nicht! Petrus erwiderte ihm und sagte: Herr, wenn du es bist, so befiehl, dass ich auf dem Wasser zu dir komme! Jesus sagte: Komm! Da stieg Petrus aus dem Boot und kam über das Wasser zu Jesus. Als er aber den heftigen Wind bemerkte, bekam er Angst. Und als er begann unterzugehen, schrie er: Herr, rette mich! Jesus streckte sofort die Hand aus, ergriff ihn und sagte zu ihm: Du Kleingläubiger, warum hast du gezweifelt? Und als sie ins Boot gestiegen waren, legte sich der Wind. Die Jünger im Boot aber fielen vor Jesus nieder und sagten: Wahrhaftig, Gottes Sohn bist du. (Matthäus 14,22-33)

Es braucht sicher keine Sturmfahrt auf einem Segelboot, um auch uns die Sorgenfalten ins Gesicht zu treiben. Da reicht oft schon viel weniger aus; eine vergessene Rechnung, die letzte Woche bereits fällig gewesen wäre; der kranke Arbeitskollege, der mir die schönen Feierabendpläne zunichte macht; die Waschmaschine, die ausgerechnet dann kaputt geht, wenn ich auch sonst schon alle Hände voll zu tun habe. Dann kann das „Fürchtet euch nicht" schon mal zu einer sarkastischen Aussage werden, die mir in der verkorksten Situation gerade noch gefehlt hat. Und doch hat Jesus diese tröstende Parole sehr ernst gemeint und gerade den Petrus, der immer schon gerne mit dem Kopf durch die Wand wollte, zu einem verwegenen Experiment eingeladen. „Ist denn Jesus wirklich über das Wasser gegangen?" bin ich schon mehr als einmal gefragt worden, gerade von neugierigen Kindern. Diese Frage hat es ganz schön in sich. Verneine ich sie, dann führe ich meinen eigenen Glauben ad absurdum. Bejahe ich sie, dann muss ich mich der Kritik von Physikern und sonstigen „vernünftigen" Menschen stellen. Dabei ging es Jesus und dem erzählenden Evangelisten Matthäus gar nicht um die Außerkraftsetzung von gottgegebenen Naturgesetzen oder physikalischen Gegebenheiten. Stattdessen steht die Glaubensprüfung des Petrus im Mittelpunkt der Handlung. Petrus möchte so gerne das Unmögliche probieren, zögert aber und fordert von Jesus erst eine klare Anweisung. Als er diese erhält, steigt er aus dem Boot, geht auf Jesus zu, und siehe da, es gelingt. Ich kann mir gut vorstellen, wie Petrus mit zitternden Knien den Rand des Bootes losgelassen hat, wie er ein paar Schritte gewagt hat, um dann schließlich wieder von seiner Angst eingeholt zu werden. Sofort verliert er seinen Glauben, der nach Jesu Aussage doch nur so groß wie ein Senfkörnlein zu sein bräuchte, um Berge versetzen zu können. Ohne einen Rest von Glauben beginnt er, im Chaos seines eigenen Misstrauens zu versinken.

O mein Jesus, verzeih uns unsere Sünden, bewahre uns vor dem Feuer der Hölle...[2] Oft wird diese Bitte um Vergebung und für das Seelenheil Verstorbener dem Totenrosenkranz angefügt. Ich habe mit diesem Vers immer meine Mühe und fühle mich dann wie Petrus, der, obwohl von Jesus klar und eindeutig zum Gang über das Wasser aufgefordert, wieder in Wehklagen und Angst verfällt. Hat uns denn Jesus nicht die Vergebung der Sünden zugesprochen? Begrüßen wir ihn nicht mit den Worten „*Lamm Gottes, du nimmst hinweg die Sünde der Welt*" in seiner heiligen Brotgestalt in unserer Mitte? Trauen wir ihm nicht zu, dass er uns durch sein Kreuz und seine Auferstehen längst vor dem Feuer der Hölle bewahrt? Ist denn das ängstliche Oh... oder oje...nicht viel zu lange von der traditionellen Kirche missbraucht worden, um den frommen Gläubigen genau jene Angst einzuimpfen, die Jesus dem Simon Petrus zu nehmen versucht hat? Wenn ich meinen Glauben nur ein klein wenig ernst nehme, dann darf das Oh-Gejammer nicht mein Leben bestimmen, auch nicht in Krisen- und Trauerstunden. Wo mein Glaube endet, beginnt mein Leben in der Hoffnungslosigkeit zu versinken, und ich

---

[2] Eines der sogenannten Fatimagebete, das jedoch nicht vom Papst offiziell approbiert worden ist.

benutze den Begriff Glaube nur noch im Sinne des „nicht Wissens".

Jesus wirbt geradezu darum, ihm blind zu vertrauen (Bartimäus) oder mit ihm das eigentlich Unmögliche zu versuchen (Simon Petrus). Das bedingt aber oft, den schützenden Mantel wegzuwerfen oder das sichere Boot zu verlassen. *„Warum hast du gezweifelt?"*, wird Petrus von Jesus gefragt. Ich ertappe mich immer wieder selbst dabei, Aussagen von absolut vertrauenswürdigen Personen dennoch persönlich gegenzuprüfen, obwohl mir von vornherein klar ist, das es eine unnötige, zusätzliche Mühe bedeutet. Schuld daran ist – wie so oft – meine Angst. Angst, etwas zu übersehen; Angst, es falsch verstanden zu haben; Angst, dass der Andere sich doch geirrt haben könnte; Angst – um der Angst willen. *„Angst essen Seele auf"*, lautet der Titel eines Filmmelodrams von Werner Rainer Fassbinder aus dem Jahre 1974, bei dem es um die Beziehung einer älteren deutschen Frau zu einem wesentlich jüngeren Marokkaner geht. Angst lähmt, zerstört Hoffnung und Vertrauen und macht uns zu seelisch Gefangenen; Angst frisst – langsam aber sicher – unsere Seele auf. Jesus stellt unserer menschlichen Angst immer wieder sein beruhigendes *„Fürchtet euch nicht"* gegenüber; er will uns helfen, die krankmachende, zermürbende, Seele-fressende Angst zu überwinden uns wieder frei durchatmen zu lassen. Dass das jedoch alles andere als einfach ist, haben wir bestimmt alle schon einmal erfahren. Ein Arbeitskollege hatte sich zu einem Sicherheitstraining für Motorradfahrer angemeldet. Eine Übung war es, in einer engen Kurve über eine Sandspur zu fahren, ohne gleich auf die Bremse zu gehen. Und obwohl der Fahrtrainer den Kursteilnehmern mehrfach vorgeführt hatte, dass dieses Manöver ohne große Gefahr zu meistern sei, berichteten alle Aspiranten, wie krampfhaft sie den Lenker festgehalten hätten, und wie viel innere Überwindung es sie gekostet habe, in der Kurve nicht zu bremsen. Es braucht in der Tat gar nicht viel, um aus den mutigsten Frauen und Männern Kleingläubige zu machen, und ihre Pulsfrequenz mit Leichtigkeit zu verdoppeln. Stellen Sie sich im Schwimmbad nur erstmals oben auf ein Fünfmeterbrett, das von unten so harmlos ausgesehen hatte!

Wer es jedoch schafft, sich seiner Angst zu stellen, und sie entweder sofort, oder auch Schritt für Schritt, zu besiegen vermag, der wird mit einem emotionalen Hochgefühl belohnt, das seinesgleichen sucht. Jeder, der zum ersten Mal einen Bungee- oder Fallschirmsprung absolviert hat, wird mir mit dieser Behauptung sicherlich recht geben. Es braucht wenig Mut, keine Angst zu haben, jedoch eine starke innerliche Kraft, sich der Angst zu stellen und sie zu besiegen. Jesus hat die Menschen, denen er begegnete, immer wieder ermutigt, die Furcht zu überwinden. Und obwohl er selbst in der Nacht vor seiner Kreuzigung im Garten Gethsemani Todesängste aushalten musste, konnte er seinen ganzen Mut und seine ganze Kraft aufbringen, um sich der schwersten aller Prüfungen zu stellen. Mir wird bang bei dem Gedanken, meine Angst zu überwinden, um mich anschließend einer Qual oder – wie Jesus – dem eigenen Tod zu stellen. Ich schaffe es gerade noch, einigermaßen angstfrei zum Zahnarzt zu gehen, weil ich um die schmerzstillende Wirkung der Spritze weiß.

„Warum hast du gezweifelt?" fragt Jesus den Petrus auf dem aufgewühlten See, und auch mich selbst in einer mulmigen Situation, wenn mir das Vertrauen verloren zu gehen droht. Jesu Frage dürfen wir nicht als Vorwurf missverstehen, denn er weiß um unsere Verzagtheiten und Ängste. Vielmehr möchte er von uns wissen, was die Gründe unseres Zweifelns sind, und er will uns helfen, diese Zweifel langsam aber sicher aus dem Weg zu räumen. Nur wenn wir uns unseren Vorbehalten und Zweifeln stellen, IHM und uns selbst benennen, was uns zu schaffen macht, und uns von IHM an der Hand nehmen lassen, hat das Vertrauen und der Glaube eine echte Chance.

„Und – ist denn Jesus tatsächlich über das Wasser gelaufen?" Meine diplomatische Antwort: „Nun - ich weiß es auch nicht ganz genau – aber ich traue es ihm zu".

Stille in einer Bergkapelle

Glauben an die Auferstehung aus dem Tode – das klingt ja zunächst ganz gut. Doch wie kann mir dieser Glaube, dieses zögerliche Vertrauen, in den schmerzhaften Augenblicken des noch akuten Abschieds weiterhelfen? Ich merke, dass ich weder auf dem Friedhof noch in den eigenen vier Wänden eine Antwort bekomme und beschließe, mich an einen ganz besonderen Ort der Stille zurückzuziehen.

Die kleine Bergkapelle liegt auf dem höchsten Punkt meiner Heimatgemeinde, auf einer Lichtung mitten im Wald. Sie wurde vor über zweihundert Jahren von Bauern gebaut, die nach einem Gelübde an Gott vor einer schrecklichen, existenzbedrohenden Rinderpest verschont geblieben sind. Wanderer aus Nah und Fern kommen gerne an diesen Ort und verweilen eine kleine Weile im Gebet. Ich komme nach kurzer Fahrt an und muss nur noch die letzten zweihundert Meter zu Fuß zurücklegen. Um diese Zeit sind meist keine Spaziergänger mehr hier, und ich hoffe inständig, eine Zeit des Alleinseins verbringen zu können. Dieser Wunsch geht in Erfüllung, und ich lasse mich auf einer der kleinen Holzbänke nieder. Die letzten Sonnenstrahlen des langsam zu Ende gehenden Tages fallen durch das kleine Spitzbogenfenster ins Innere des kleinen Gotteshauses und tauchen Wände, Kreuz und Altar in ein warmes rotes Licht. Neben der Osterkerze brennen, wie fast jeden Tag, ein paar Opferkerzen, mit denen Besucher der Kapelle eine oder auch mehrere Bitten verbunden haben. Ich zünde die Osterkerze an und betrachte ihre Flamme, die ohne zu Flackern ihr ruhiges Licht ausstrahlt. Welch starken Glauben müssen die armen Bauern im 18. Jahrhundert gehabt haben, um ihrem

Versprechen ein so schönes Bauwerk folgen zu lassen? Und wie viel Mitleid muss Gott mit den vom kargen Leben gezeichneten Männern, Frauen und Kindern gehabt haben, dass er ausgerechnet sie vor der Rinderpest bewahrte? Wieso zeigt dieser Gott einmal ein so großes Erbarmen, ein anderes Mal aber nicht?

Das Licht der Osterkerze fällt auf das Kreuz über dem kleinen Altar, und ich frage mich, wieso gerade die Darstellung des zu Tode gequälten Jesus von Nazareth zum Hoffnungszeichen der Christen geworden ist. Mein Blick wandert über die vierzehn Kreuzwegstationen an den Wänden der Kapelle. Sind wir Menschen sadistische Voyeure, dass wir Darstellungen eines derartigen, verbrecherischen Massakers in unsere Gotteshäuser hineinhängen? Wäre es nicht vielmehr angebracht, Darstellungen des lebendigen Christus aufzustellen? Ich persönlich liebe die Darstellungen des Auferstandenen, der mit leuchtenden Wundmalen und der Siegesfahne in der Hand triumphierend aus seinem Grab hervor steigt. Und dennoch überwiegt die Darstellung des Kreuzes in unserer Umgebung bei weitem. Woher rührt diese enge Verbindung? Ist es Mitleid? Ich denke an ein Buch, das ich gelesen habe. Da fragt ein Vater, dessen eigenes Kind brutal ermordet wurde Gott, der ihm in der Gestalt einer Afroamerikanerin gegenübersteht, weshalb er seinen eigenen Sohn so elend am Kreuze habe verrecken lassen, worauf ihm Gott an seinen eigenen Handgelenken die Kreuzigungswunden zeigt und antwortet „Das war unsere (!) allerschwerste Entscheidung.[3] Ich spüre bei diesen Gedanken, wie mich der tote Christus am Kreuz in seinen Bann zieht. Er hat den Kopf geneigt, und sein Gesicht mit den geschlossenen Augen strahlt im Kerzenschein. Wieso hat Gott, den wir den Allmächtigen nennen, so einen radikalen Weg gewählt? Und warum hätte er das tun wollen, wenn mit dem Tod alles aus wäre? Dass er es dennoch so wollte, lässt unbewusst die Erkenntnis in mir wachsen, dass eine viel größere und tiefere Absicht dahintersteckt, ein Plan, dessen Bedeutung ich in meiner menschlichen Beschränktheit nicht ansatzweise verstehen und begreifen kann. Doch wenn Gott wirklich einen umfangreichen Plan verfolgt, von dem ein Detail der Kreuzestod Jesus ist, und wenn er diesen grausamen Tod mitten in der Welt geschehen ließ, dann muss doch die Welt, all das Schöne und Leidvolle, und auch der Trauerfall, der mir selbst so viel Schmerz verursacht, Teil, wenn nicht sogar das Ziel dieses Planes sein.

Ganz leise ist die Nacht heraufgezogen. Der Halbmond scheint durch eines der Fenster. Ich habe noch ein paar Kerzen angezündet und so eine wohltuende, mystische Stimmung zum Geschenk erhalten. Das Kruzifix im Halbdunkel schimmert im Licht. Ist es Mitleid, was uns am

---

[3] Die Hütte – Ein Wochenende mit Gott, William Paul Young, Deutsche Ausgabe: Ullstein 2018

Kreuz so fasziniert? Ja sicher, es ist Mitleid, aber wahrscheinlich genau andersherum als wir denken: Ein Gott, der an unserem Leid mitleidet, der sich nicht zu schade war, das Schlimmste, was sich Menschen jemals für ihresgleichen ausgedacht haben, mitzutragen; ein Gott, der als Mensch in den Tod geht und sich so unüberbietbar mir den Leidenden und Sterbenden solidarisiert und identifiziert. Einer, der aus eigener Erfahrung weiß, wie sich Schmerz, Abschied und Einsamkeit anfühlen und den gerade deshalb unser Schmerz und unsere Verlassenheit nicht ungerührt lassen. Wenn diese unüberbietbare Menschenliebe Gott nicht dazu veranlasst, das Leid ein für allemal und möglichst sofort aus der Welt zu schaffen, dann muss er dafür ein größeres Motiv haben; Gründe, die wir in unserer menschlich eingeschränkten Sicht (noch) nicht verstehen können oder wollen.

Mein Geist atmet auf angesichts dieser Gedanken, und ich mache mich - eine stille Stunde später - im Schein der Taschenlampe auf den Rückweg zu meinem Auto. Obwohl der dunkle Wald gespenstisch und bedrohlich wirkt und aus der Dunkelheit deutliche Geräusche von nachtaktiven Waldbewohnern an meine Ohren dringen, habe ich doch nicht den kleinsten Anflug von Furcht. Mit Gott an meiner Seite, der – solidarisch und mitleidend – mit mir geht und mit mir fühlt, brauche ich auch mein eigenes Sterben nicht zu fürchten, und das Kreuz, das ich gerade trage, fühlt sich etwas leichter an. Das Kreuz ist und bleibt eine Tatsache, das ist mir in meiner Meditation in der kleinen Kapelle klargeworden. Jedoch auch die Osterkerze, die ihr warmes Licht auf das Kreuz geworfen hat, ist eine Wirklichkeit, an der wir uns orientieren und trösten können.

Nicht das ist der Triumph des Glaubens, dass er das Leiden aufhebt, sondern dass er es in ein höheres Gelingen einbezieht.[4]

Einer kam zurück

Was kommt nach dem Tod? „Das weiß doch keiner, denn keiner kam bisher je zurück", wird vielleicht die Antwort lauten. Wenn wir aufgrund der Aussagen der Augenzeugen zu dem Schluss gelangen, dass wir die Osterberichte in ihrem Kern für authentisch und wahr halten, wenn wir den einfachen Frauen und Männern jener Tage unseren aufrichtigen Glauben schenken, so dürfen wir zur Erkenntnis kommen, dass zumindest einer aus dem Jenseits wieder zurückgekommen ist. Die Tatsache, dass die Schar seiner Freunde Jesus nicht auf Anhieb wiedererkannt hat, deutet auch darauf hin, dass diese Rückkehr aus dem Tod nicht einfach die Fortsetzung des bisherigen, gewohnten Lebens sein konnte. Obwohl ER sich berühren lässt, um zu beweisen, dass er nicht nur als ein Geist in der Mitte der Jüngerschar steht; obwohl er mit den Seinen isst und trinkt, sich unterhält und sie anhaucht, ist sein Dasein nach der Auferstehung geweitet und den irdischen Naturgesetzen endgültig

---

[4] Pierre Teilhard de Chardin (1881-1955), französischer Theologe

entzogen. Er kann durch verschlossene Türen kommen, er entzieht sich den Blicken der beiden Emmausjünger, und taucht zeitgleich in Jerusalem wieder auf. Er wirkt weitere Wunder, und wird am Ende einer vierzigtägigen, gemeinsamen Zeit von den Jüngern hinweg in die Ewigkeit emporgehoben. Nach weiteren zehn Tagen kommt der Geist Gottes über die Augenzeugen und ertüchtigt sie, angstfrei und todesmutig für den gekreuzigten und auferstandenen Gottessohn Zeugnis abzulegen. Die Freunde Jesu, die er mit der Verkündigung der frohen Botschaft beauftragt hat, zerstreuen sich in alle Winde und Länder, gründen Gemeinden, heilen Kranke, und trösten Trauernde mit der frohen Botschaft. Am Ende ihrer Wanderschaft gehen die meisten von ihnen gestärkt und mutig in den Bekennertod, ohne ihre Überzeugung aufzugeben. Das junge Christentum verbreitet sich mit geradezu atemberaubender Geschwindigkeit im gesamten römischen Reich und weit darüber hinaus. Bereits im 4. Jahrhundert wird es zur römischen Staatsreligion.

Der Mann aus Nazareth hat in Wort und Tat, in unüberbietbarer Weise jedoch durch seinen eigenes Tod und seine Rückkehr ins Leben deutlich gemacht, dass das Sterben keine endgültige Tatsache, sondern nur der Übergang in eine andere, höhere Seinswirklichkeit ist.

GLAUBE

Die Hoffnung

52

HOFFNUNG

„Die Hoffnung stirbt zuletzt". Dieses bekannte Wort deutet bereits die Langlebigkeit unseres Sehnens nach Besserung an. Der Begriff entstammt dem niederdeutschen Wort *hopen* (englisch to hope), was so viel bedeutet wie hüpfen, unruhig springen oder zappeln.[5] Damit ist eine innere Haltung der Zuversicht und der positiven Erwartung von einem wünschenswerten Zustand oder Ereignis gemeint, ohne dass letztendlich die Gewissheit besteht, ob das Erhoffte auch tatsächlich eintritt. Deswegen geht mit jeder Hoffnung ein Rest von Sorge oder gar Angst einher, der – wenn das erwünschte Ergebnis nicht eintritt – in Resignation und Hoffnungslosigkeit umschlagen kann. Es liegt aber tief im menschlichen Empfinden verborgen, die Hoffnung so lange wie möglich zu erhalten und sich auch an den allerkleinsten Strohhalm zu klammern. Der griechische Dichter Aesop hat in seiner Fabel von den beiden Fröschen die Hoffnung und die Hoffnungslosigkeit auf anschauliche Weise dargestellt, und beschrieben, wie sich der Erhalt auch der kleinsten Hoffnung am Ende doch noch bezahlt machen kann.

---

[5] Wikipedia, eingesehen am 26.08.2019

HOFFNUNG

Die Legende von den beiden Fröschen[6]

Zwei Frösche, deren Tümpel die heiße Sommersonne ausgetrocknet hatte, gingen auf Wanderschaft. Gegen Abend kamen sie in die Kammer eines Bauernhofs und fanden dort eine große Schüssel Milch vor, die zum Abrahmen aufgestellt worden war. Sie hüpften sogleich hinein und ließen es sich schmecken. Als sie ihren Durst gestillt hatten und wieder ins Freie wollten, konnten sie es nicht: die glatte Wand der Schüssel war nicht zu bezwingen, und sie rutschten immer wieder in die Milch zurück. Viele Stunden mühten sie sich nun vergeblich ab, und ihre Schenkel wurden allmählich immer matter. Da quakte der eine Frosch: »Alles Strampeln ist umsonst, das Schicksal ist gegen uns, ich geb's auf!« Er machte keine Bewegung mehr, glitt auf den Boden des Gefäßes und ertrank. Sein Gefährte aber kämpfte verzweifelt weiter bis tief in die Nacht hinein. Da fühlte er den ersten festen Butterbrocken unter seinen Füßen, er stieß sich mit letzter Kraft ab und war im Freien.

Hoffnung ist nach der Darstellung Aesops immer auch eine Parole zum Durchhalten, ein Sich-selbst-Mut-Machen, mit dem Risiko allerdings, dass die Hoffnung am Ende des Bemühens zerplatzen könnte. Dennoch verleiht die Haltung der Hoffnung unserem Tun und Streben oft ungeahnte Kräfte, und setzt trotz allen Rückschlägen eine überwiegend

---

[6] Aesop, antiker griechischer Dichter, wahrscheinlich 6. Jahrhundert v. Chr.

positive Grundstimmung in uns frei. Im Falle der beiden
Frösche war es für den überlebenden Frosch ein Durchhalten ohne jegliche Erfolgskontrolle, das sich letztendlich positiv ausgezahlt hat. Anders verhält es sich bei einem
Schwimmer, der mit letzter Kraft auf das rettende Ufer zu-
hält und dabei durch den sichtbaren Abstand immer eine
Fortschrittskontrolle hat. In diesem Fall wird der Schwimmer sicherlich weitere Kräfte mobilisieren, sobald er fest-
stellt, dass sich der Abstand zum Ufer tatsächlich verringert.
Auch die Hoffnung auf ein ewiges Leben hängt ebenfalls
davon ab, ob wir eine wie auch immer geartete „Erfolgskontrolle" erwirken können, oder eben nicht. In wieweit unser
Glaube und das im letzen Kapitel beschriebene Vertrauen in
die Glaubenszeugen eine solche Erfolgskontrolle zulassen,
hängt nur auf den ersten Blick von der Frömmigkeit des
einzelnen Menschen ab. Wesentlich wichtiger erscheint mir,
meinen persönlichen Glauben auf den Prüfstand zu nehmen
und für mich selbst seinen Wahrheitsgehalt zu bestimmen.
Erst wenn ich zu der festen Überzeugung gelange, wenn ich
voll und ganz darauf vertraue, dass das Zeugnis der direkten
Augenzeugen dieselbe Aussagekraft besitzt wie meine persönliche, augenscheinliche Überprüfung, kann ich den
Glauben an das ewige Leben und an das Wiedersehen mit
den von uns gegangenen geliebten Menschen als Erfolgs-
gradmesser meiner Hoffnung heranziehen. Die Hoffnung ist
sicherlich eine der letzten Emotionen, die uns verloren gehen kann, jedoch lebt keine Hoffnung von sich aus, sondern

speist sich aus den beiden anderen göttlichen Tugenden, dem Glauben und der Liebe.

Der zweite Besuch an Deinem Grab

Etwas Unerklärbares drängt mich heute zum Friedhof. Der Schmerz des Verlustes sitzt immer noch radikal tief, raubt mir so viel von meiner Lebenskraft, die ich doch so sehr für andere Dinge bräuchte. Ich sträube mich gegen die vier Worte, ich in der letzten Zeit so oft gehört habe, und die ich mir dann doch immer wieder selbst einrede: „Das Leben geht weiter"

Heute ist der Besuch an Deinem Grab anders als sonst. Ich schleiche nicht wie früher langsam an den anderen Gräbern vorbei, als ob ich den Anblick deiner Ruhestätte noch so lange wie irgend möglich hinauszögern möchte. Mein Weg führt mich direkt an den vertrauten Ort, hierher zu Dir.

Ich erschrecke leicht; wie kann mir dieser Ort vertraut geworden sein? Habe ich mich wirklich mit Deinem Tod abgefunden? Darf ich dieses Gefühl in mir zulassen? Ich suche fast so etwas wie eine Entschuldigung, berühre mit meinem Blick sanft Deinen Namenszug auf dem Grabkreuz. Ein Sonnenstrahl wärmt mich, ein verliebter Vogel singt im Geäst eines der alten Bäume hier. „Geh weg, Sonne, schweig Vogel", rebelliert meine Seele, „mir ist nach Kälte und Stille zumute." Doch weder die Sonne noch der muntere Vogel scheren sich um meinen stummen Protest. Das Leben geht

56

ohne Unterbruch über diesen Ort des Todes hinweg, Tage und Nächte, Sonne und Regen, Vogelgesang und die Geräusche der nahen Straße – das Leben geht weiter. Ich erzähle leise vor mich hin, über Trostworte von Freunden und Angehörigen, über Neuigkeiten aus der Nachbarschaft – und über Jesus, über den ich in den letzten Tagen immer wieder in der Bibel gelesen habe. Ich erzähle – wem eigentlich? Meine Worte verstummen kurz, dann spreche ich doch weiter. Ich spreche – mit Dir. Ich erzähle Dir von der Zeit seit meinem letzten Besuch hier, rede mir meinen Schmerz von der Seele, rede weiter und weiter. Ich habe nicht das Gefühl, dass meine Worte in die Leere gehen. Mir kommt es so vor, als ob Du mir geduldig zuhörtest, stumm zwar, aber nicht abwesend. Ohne Antwort, aber mit viel Verständnis für mich. Ich erinnere mich an Jesu Worte über das ewige Leben, dann verlasse ich den Friedhof. Darf ich diese Gedanken zulassen? Darf ich mich jetzt schon damit befassen? Habe ich schon genug getrauert? Ich sehe mich um, ob sonst noch jemand hier ist, jemand, der meine Gedanken erahnen könnte. Ich bin alleine hier, zum Glück. Höchste Zeit, um zu gehen. Die Gefühle überwältigen mich, und ich kämpfe mit den Tränen, als ich ohne Abschied den Friedhof verlasse. Ich werde morgen wieder kommen, will sehen, ob diese Gedanken auch dann noch Bestand haben.

Hiobs Hoffnung

Ich bin zu Haus angekommen und sinne noch einmal in aller Ruhe über das heute Erlebte nach. Dieses Hin-und-Hergerrissensein zwischen der immer noch immer omnipräsenten, schmerzhaften Trauer und einem zarten Hoffnungsschimmer verunsichert mich. In der Heiligen Schrift finde ich Indizien dafür, dass es auch anderen Menschen ähnlich ergangen sein muss:

Heller als der Mittag erhebt sich dann dein Leben, die Dunkelheit wird wie der Morgen sein. Du fühlst dich sicher, weil noch Hoffnung ist; du schaust dich um und kannst sicher schlafen. Du lagerst dich und niemand schreckt dich auf und viele mühen sich um deine Gunst. Doch der Frevler Augen verschmachten, jede Zuflucht schwindet ihnen; ihre Hoffnung ist, das Leben auszuhauchen. (Hiob 11,17-20)

Hiob[7] ist sicherlich der Inbegriff eines vom Leben gebeutelten Menschen. Nach einem sorgenfreien und glücklichen Leben verliert er, infolge einer vom Satan initiierten Gottesprüfung, alles, was sein bisheriges Dasein bereichert hatte, seine zehn Kinder, sein Vermögen und seine Gesundheit. Völlig einsam und allein fristet er ein Leben als Bettler, mit Geschwüren an seinem Leib und dem Hunger als ständigem Begleiter. Die „Hiobsbotschaft" gilt als Synonym für die

---

[7] auch Ijob bzw. Job

schlechteste aller schlechten Nachrichten an uns. Und doch schafft es Hiob am Ende – aller Trostlosigkeit zum Trotz – Gott nicht für sein Unglück verantwortlich zu machen, und sowohl seinen Glauben wie auch sein tiefes Vertrauen in den Herrn zu bewahren. Die Aufforderung seiner Frau, diesen Gott, der all sein Unglück ungerührt zugelassen hat zu verfluchen, weist er energisch von sich: *„Nehmen wir das Gute an von Gott, sollen wir dann nicht auch das Böse annehmen?"* (Hiob 2,10).

Woher nimmt Hiob die Kraft, der augenscheinlichen Hoffnungslosigkeit einen in Teilen dennoch positiven Lebensmut entgegenzustellen? Die Versuchung Satans, der Spott seiner Bekannten und sogar seiner Freunde, die Beschimpfung als von Gott verlassener Sünder haben den unglücklichen Hiob tief erschüttert. Die Schmähungen gelten nicht nur ihm selber, sondern auch Gott, der diesem frommen Mann seine Aufrichtigkeit und Treue nicht gelohnt, sondern ihn offenbar in die tiefste Verlassenheit hinab gestoßen hat. Die Verteidigungsreden Hiobs sparen daher die Anklage gegen Gott nicht aus, jedoch sind alle Versuche der Besucher des Unglücklichen, ihn von seinem tiefen Glauben abzubringen, zum Scheitern verurteilt. In jeder Antwort Hiobs schwingt immer noch ein Restschimmer der Hoffnung mit. Nicht der Verlust seiner Familie, seines Vermögens und seiner Gesundheit kränken ihn, sondern der Vorwurf, Gott hätte ihn aufgrund eigener Schuldhaftigkeit verflucht und ein für allemal verlassen. Drei seiner Freunde, Elifas, Bildad und Zofar, versuchen immer wieder, Hiob zum Eingeständnis seiner Schuld zu bewegen, denn nur dem Gerechten geht es gut, während der Frevler durch Schicksalsschläge von Gott gestraft wird. Doch Hiob, von seiner Schuldlosigkeit überzeugt, hat weder seinen Glauben eingebüßt noch die Offenheit, sich zugleich klagend wie lobend an seinen Herrn zu wenden. Er sieht weiterhin Gott auf seiner Seite, ganz besonders im Widerstreit mit den vielen Spöttern. Vielleicht haben ihm Gedanken wie die folgenden aus dem Psalm 62 Mut und Trost gegeben:

Bei Gott allein werde ruhig meine Seele, denn von ihm kommt meine Hoffnung. Er allein ist mein Fels und meine Rettung, meine Burg, ich werde nicht wanken. Bei Gott ist meine Rettung und meine Ehre, mein starker Fels, in Gott ist meine Zuflucht. Vertraut ihm, Volk, zu jeder Zeit! Schüttet euer Herz vor ihm aus! Denn Gott ist unsere Zuflucht. (Psalm 62, 6-9)

Am Ende der Erzählung erfüllt sich Hiobs Hoffnung, und er wird für seine große Treue von Gott mit dem Doppelten seines früheren Besitzes belohnt. Er wird von seiner Krankheit erlöst und es werden ihm erneut sieben Söhne und drei Töchter geschenkt. Hiob gehört zu der Gattung Hoffender, so wie der Frosch aus der Fabel Aesops. Obwohl er keinerlei rettendes Ufer erkannt und nur Widerspruch erfahren hatte, gab er nicht auf. Sein Vertrauen in den starken Gott Israels,

60

den er aus den Glaubensberichten der Patriarchen und Propheten schöpfte, blieb auch ohne sichtbaren Gradmesser ungebrochen. Dieses glaubende Vertrauen nährte und stärkte seine Hoffnung auf Genesung und Erlösung von seinem schlimmen Schicksal.

Gerade in der akuten Trauerphase erkennen auch wir kein rettendes Ufer mehr, und noch weniger eine Aussicht auf Heilung. Die Leid-Zeit mutet uns Tag für Tag den Schmerz der Trennung von unserem geliebten, verstorbenen Menschen zu. Mancher Versuch von anderen, uns darin mit Standartfloskeln und aus dem Zusammenhang gerissenen Bibelversen zu trösten, schlägt eher ins Gegenteil um und verstärkt unsere depressive Stimmung noch mehr. Unsere Hoffnung kann nicht wachsen, solange wir die Trauer zu kaschieren versuchen. Hiob hat gar nicht erst versucht, seinen Schmerz zu verdrängen, sondern er hat laut darüber geklagt und auch Gott sein Schicksal vorgehalten. In der Annahme seines Leides endlich konnte die Hoffnung wie ein zartes Pflänzchen einwurzeln und langsam, aber sicher wachsen.

Ich möchte Sie, liebe Leserinnen und Leser einladen, uns noch einem anderen hoffenden Menschen der Heiligen Schrift zuzuwenden:

Der Hauptmann von Kafarnaum

Als er (Jesus) nach Kafarnaum kam, trat ein Hauptmann an ihn heran und bat ihn: Herr, mein Diener liegt gelähmt zu Hause und hat große Schmerzen. Jesus sagte zu ihm: Ich will kommen und ihn heilen. Und der Hauptmann antwortete: Herr, ich bin es nicht wert, dass du unter mein Dach einkehrst; aber sprich nur ein Wort, dann wird mein Diener gesund! Denn auch ich muss Befehlen gehorchen und ich habe selbst Soldaten unter mir; sage ich nun zu einem: Geh!, so geht er, und zu einem andern: Komm!, so kommt er, und zu meinem Diener: Tu das!, so tut er es. Jesus war erstaunt, als er das hörte, und sagte zu denen, die ihm nachfolgten: Amen, ich sage euch: Einen solchen Glauben habe ich in Israel noch bei niemandem gefunden. Ich sage euch: Viele werden von Osten und Westen kommen und mit Abraham, Isaak und Jakob im Himmelreich zu Tisch sitzen; aber die Söhne des Reiches werden hinausgeworfen in die äußerste Finsternis; dort wird Heulen und Zähneknirschen sein. Und zum Hauptmann sagte Jesus: Geh! Es soll dir geschehen, wie du geglaubt hast. Und in derselben Stunde wurde sein Diener gesund. (Matthäus 8, 5-13)

Diese ursprünglich mündlich überlieferte Erzählung dürfte in den ersten Gemeinden der Judenchristen noch mit Kopfschütteln aufgenommen worden sein, galten doch die Römer als verhasste Feinde, denen weder Glaube zugetraut noch Heilung gegönnt wurde. Mit der Zerstörung Jerusalems und des heiligen Tempels durch Titus im Jahre 70 n. Chr. verstärkte sich diese Haltung dann noch mehr. Doch was trieb gerade einen römischen Soldaten, der vermutlich an Jupiter, Minerva, Venus und all die anderen Reichsgötter Roms geglaubt hat dazu, ausgerechnet bei einem Wanderprediger der von ihnen genauso verachteten Juden Hilfe zu suchen? Jesus eilte sein charismatischer Ruf voraus, und die kranken und ausgestoßenen Menschen in den Städten und Dörfern, die er besuchen wollte, schöpften angesichts der Mund-zu-Mund-Propaganda ein neues Quäntchen Hoffnung. Auch wir sind geneigt, in ausweglosen Situationen nach dem sprichwörtlichen letzten Strohhalm zu greifen, um doch noch gerettet oder geheilt zu werden. Nicht viel anders ist es vermutlich dem unbekannten römischen Hauptmann ergangen, der sich angesichts seiner Bitte an Jesus nicht nur dem Unverständnis der mit Jesus ziehenden Jünger, sondern vielleicht auch dem Misstrauen seiner eigenen Obrigkeit ausgesetzt hat. Dass er dennoch so handelte, zeugt von einer innigen Liebe zu seinem kranken Diener. Doch weshalb wollte der Römer nicht, dass Jesus mit ihm geht, um den gelähmten Knecht zu heilen? War es seine Angst, mit einem von der römischen Besatzungsmacht argwöhnisch beobachteten jüdischen Quertreiber gesehen zu werden? Oder war es doch die tiefe Demut, die im Evangelium zum Ausdruck kommt? Wahrscheinlich ist es eine Mischung aus beidem gewesen, denn die Rechtfertigung des Hauptmanns, der selbst als Befehlshaber römischer Legionäre gewohnt war, Befehle zu erteilen, schien dazu zu dienen, Jesus aus seinem Hause fernzuhalten. Andererseits spiegelt die Aussage „*ich bin es nicht wert, dass Du unter mein Dach (= in mein Haus) ein-kehrst"* die Bescheidenheit des Bittstellers wieder. *„Sprich nur ein Wort, dann wird mein Diener gesund"* stellt im selben Satz eine Glaubensaussage von besonderer Qualität dar, die mir sehr deutlich macht, wie sehr Glaube (= Vertrauen) und Hoffnung aufeinander verwiesen sind. Jesus deutet bereits an, dass diese Hoffung für Menschen verschiedener Rassen und Glaubensrichtungen *„von Osten und Westen kommen und mit Abraham, Isaak und Jakob im Himmelreich zu Tisch sitzen"* gilt, insofern sie dem Wort Gottes und seines Mensch ge-wordenen Sohnes gläubig vertrauen, dass aber *„die Söhne des Reiches (Israel)"*, sofern diese meinen, aus sich selbst heraus oder allein aufgrund ihres Jahwekultes das Heil erlangen zu können, sich letztendlich selber in die tiefste Hoffnungslo-sigkeit (=Finsternis) manövrieren werden, in der ihnen nur noch das Heulen und Zähneknirschen über ihr Schicksal verbleibt. Der Mensch ist sicherlich zu höchsten Kraftan-strengungen befähigt, gerade wenn es um die Hoffnung und den letzten Strohhalm geht, doch wenn im Verlaufe des Bemühens nicht die Spur eines rettenden Ufers am Horizont sichtbar wird, dann stirbt zuletzt auch die Hoffnung. Der Glaube aber ist solch ein rettendes Ufer.

Der Gott der Hoffnung aber erfülle euch mit aller Freude und mit allem Frieden im Glauben, damit ihr reich werdet an Hoffnung in der Kraft des Heiligen Geistes. (Römerbrief 15,13)

Der zweite Wegweiser: Daheim

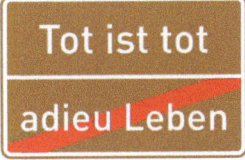 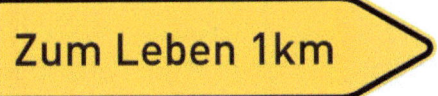

Akzeptierter Tod oder Suche nach dem Leben

Ich bin zu Hause angekommen, an dem Ort, wo auch Du daheim warst. Der zweite Wegweiser, auf den mein Herz trifft, erfordert eine konkretere Entscheidung von mir als an der ersten Weggabelung am Friedhof. Er verlangt eine Wahl, die ich vielleicht nicht nur vor mir selbst, sondern auch vor Dir vertreten muss.

Erste Möglichkeit: Ich halte an Deinem Tod fest, weil:

- ich noch viel Zeit brauche
- ich Gott Dein Sterben (noch) nicht vergeben kann
- ich das Zeugnis der Urapostel in Zweifel ziehe
- ich nicht (mehr) an Gott glauben kann

65

- ich mich schämen würde, einer Vision nachzuhängen
- er eine endgültige Tatsache für mich darstellt

Jedes dieser „weil…", mit Ausnahme des ersten, spricht eine klare Sprache und kann seine Berechtigung haben. Doch auch hier lohnt es sich, als Trauernder die persönlichen Beweggründe zu erkennen und – vielleicht auch mit einem zeitlichen Abstand – zu hinterfragen und zu reflektieren. Wie ich am ersten Wegweiser beim Friedhof schon darzustellen versucht habe, ist die Trauerzeit eine sehr individuelle Größe für jeden Einzelnen, und unterliegt keiner Norm. Den Schmerz des Abschiedes zu verarbeiten, oder ihn in stimmiger Art und Weise in mein künftiges Alleinsein zu integrieren, ist ein sehr behutsam zu vollziehender Prozess, in dem sich niemand die Eckdaten von außen aufdrängen lassen sollte. So kann das lange Festhalten am akuten Todesfall ein Ausdruck von Mutlosigkeit und Verzagtheit, auf der anderen Seite aber auch ein sehr persönlicher Ausdruck von Zuneigung und Liebe sein.

Das alttestamentliche Buch der Psalmen ist voll von Klagen, ja auch deutlichen Anklagen gegen Gott. Gerade fromme und gottesfürchtige Menschen hatten es zu allen Zeiten schwer, sich mit einem persönlichen Schicksalsschlag oder Verlust abzufinden, da dieser als Strafgericht Gottes verstanden wurde, was in der Betrachtung des Klagenden eine große Ungerechtigkeit darstellt. Dieses Empfinden wird nochmals bestärkt, wenn andere Zeitgenossen, die egoistisch und selbstherrlich das Leben genießen, von eben solchen Heimsuchungen verschont bleiben. Für einen Atheisten ist die Sache ohnehin klar: Ein ungerechter Gott ist nicht vorstellbar, weswegen die Vorstellung der Existenz Gottes (oder Göttern) rundweg verneint, wenn nicht sogar aktiv bekämpft wird. Doch schon der leidende Hiob hat vehement bestritten, dass sein Unglück als Fluch Gottes zu verstehen ist. Und ich möchte den Hader gegen Gott nicht kleinreden; er hat seine Berechtigung und darf durchaus auch laut vor IHN gebracht werden. Selbst Jesus hat im Augenblick seiner tiefsten Verlassenheit voller Schmerz gegen Gott geklagt: *„Mein Gott, warum hast Du mich verlassen?"* *(Matthäus 27,46)*. Der am Kreuz sterbende Jesus griff dabei auf einen alten Psalm Davids zurück, den fromme Israeliten in der Not gelesen und gebetet haben:

Mein Gott, mein Gott, warum hast du mich verlassen, bleibst fern meiner Rettung, den Worten meines Schreiens? Mein Gott, ich rufe bei Tag, doch du gibst keine Antwort; und bei Nacht, doch ich finde keine Ruhe. Aber du bist heilig, du thronst über dem Lobpreis Israels. Dir haben unsere Väter vertraut, sie haben vertraut und du hast sie gerettet. Zu dir riefen sie und wurden befreit, dir vertrauten sie und wurden nicht zuschanden. Ich aber bin ein Wurm und kein Mensch, der Leute Spott, vom Volk verachtet.

Alle, die mich sehen, verlachen mich, verziehen die Lippen, schütteln den Kopf: Wälze die Last auf den HERRN! Er soll ihn befreien, er reiße ihn heraus, wenn er an ihm Gefallen hat! (Psalm 22, 2-19)

Jedoch endet Psalm 22 nicht mit der bitteren Klage gegen den Herrn, sondern nimmt eine sehr positiv gestimmt Wende, die selbst im größten Elend die Hoffnung weiterhin auf Jahwe setzt. Ja der Psalm entwickelt sich mehr und mehr zu einem Lobpreis auf den Gott Israels, dem der Psalmist die Abwendung des Unglückes gläubig zutraut:

Du aber, HERR, halte dich nicht fern! Du, meine Stärke, eile mir zu Hilfe! Entreiß mein Leben dem Schwert, aus der Gewalt der Hunde mein einziges Gut! Rette mich vor dem Rachen des Löwen und vor den Hörnern der Büffel! - Du hast mir Antwort gegeben. Ich will deinen Namen meinen Brüdern verkünden, inmitten der Versammlung dich loben. Die ihr den HERRN fürchtet, lobt ihn; all ihr Nachkommen Jakobs, rühmt ihn; erschauert vor ihm, all ihr Nachkommen Israels! Denn er hat nicht verachtet, nicht verabscheut des Elenden Elend. Er hat sein Angesicht nicht verborgen vor ihm; er hat gehört, als er zu ihm schrie. (Psalm 22, 20-25)

Die Klage wider Gott mag für den Beter des Psalms auch ein sehr heilsames Element darstellen, das einen Teil der Bürde von den eigenen Schultern nimmt und einem anderen auflädt. Wer das für gottlos oder blasphemisch hält, der möge doch einen Moment eine Darstellung Jesu mit dem Kreuz auf seinen Schultern betrachten. Schimpfen kann durchaus befreien, soweit wir dabei die Würde unseres Gegenübers – Gott wie Mensch – respektieren.

Auf den Glauben = Vertrauen gegenüber den Osterzeugnissen der Urapostel gründet sich der gesamte christliche Glauben; ohne Kreuzestod und leibliche Auferstehung Jesu wäre das gesamte Christentum nur eine Farce. Jedoch stellt für mich als Trauernder der Zwiespalt zwischen Vertrauen auf die Auferweckung Christi und dem realen Sterben eines von mir geliebten Menschen einen harten Prüfstein meiner Glaubensüberzeugung dar. Ich kann verstehen, wenn in den Stunden des Abschiedes und dem Verweilen am Grab der Kern unserer Religion etwas genauer hinterfragt, und manchmal temporär oder auch dauerhaft in Frage gestellt wird. Mit Sicherheit ist es schwer zu begreifen, dass Jesus am Ostermorgen den Tod ein für allemal besiegt haben soll, wenn genau dieser Tod doch weiterhin die Menschen, sogar die Allergläubigsten, heimsucht. Dieser Zwiespalt kann dazu führen, dass der Trauernde, der nur den Tod vor Augen hat, langfristig sein Vertrauen in Gott komplett verliert, oder am Ende sogar von der Nichtexistenz Gottes ausgeht.

Das fünfte „Weil..." kommt eindeutig nicht aus dem trauernden Menschen selbst, sondern wird tatsächlich oder gefühlt von außen vermittelt oder aufgedrückt. In den Augen vieler Zeitgenossen vertragen sich christlicher Glaube und menschliche Vernunft nicht. Sie verlangen nach rationellen, wissenschaftlich begründbaren Belegen für das eigene Handeln, und leider auch für das Denken und Tun anderer Menschen. Leider führt das, gerade im Umfeld von gleichgültigen, ausschließlich gegenwartsorientierten Leuten dazu, dass selbst vormalige Gottgläubige bei der Frage nach Christus sinngemäß antworten *„Ich kenne diesen Menschen (Jesus) nicht (Markus 14,71)"*[8]. Oder aber es führt das Bekenntnis, an das Weiterleben der Verstorbenen zu glauben oder auch nur vielleicht zu glauben, zu spöttischen Bemerkungen oder zu dem Vorwurf, nicht mehr modern und cool zu sein. Und mit einem Mal lässt sich ein Mensch, dessen höchstes Gut seine Freiheit ist, ganz einfach und leicht fremdbestimmen. Diese Haltung braucht nicht erst in einem akuten Trauererlebnis zu beginnen, sondern kann schon viel früher zur Übernahme der Fremdmeinung, bis hin zum eigenen Vertreten dieser Ansicht führen. Die Folge davon stellt dann unweigerlich das letzte „Weil…" dar, das den Tod des geliebten Gegenübers als endgültige, irreversible Tatsache akzeptiert und über keine Alternativen mehr nachdenkt.

Ist denn positive Trauerarbeit und –bewältigung zwingend auf ein aktives Glaubensbekenntnis angewiesen? Oder gibt es auch Ansätze und Hilfestellungen, die primär ohne die geglaubte Osterbotschaft und die damit verbundene christliche Auferstehungshoffnung auskommen können? Zweifelsfrei versetzt der Glaube Berge, auch die Berge der Trauer, die sonst nur sehr schwer zu bewältigen sind. Doch es gibt

---

[8] auf die Frage an Simon Petrus, ob nicht auch er einer der Jünger des Jesus von Nazareth sei (Passionsgeschichte)

auch einen schmalen Weg durch und aus der Trauer, der zumindest vordergründig ohne Christus möglich ist. Darauf möchte ich im nächsten Kapitel tiefer eingehen. Doch sehen wir uns jetzt die andere Richtung des Wegweisers an:

Zweite Möglichkeit: Ich glaube an Dein Leben, weil:

- ich der christlichen Auferstehungsbotschaft vertraue

- Du auch nach deinem Tod tief in meinem Herzen lebst

- ich sonst verzweifeln und zerbrechen würde

- ich es so möchte

Im Kapitel über den Glauben habe ich versucht, die Indizienkette der Auferstehung Jesu Christi zu beschreiben, beginnend mit den vormals ängstlichen, dann aber todesmutigen Urjüngern, dem als nicht glaubhaft geltenden Zeugnis der Frauen am Grab und dem radikalen Lebensumbruch des Paulus von Tarsus. Ich habe mich selbst und auch Sie, liebe Leserinnen und Leser vor die alles entscheidende Frage gestellt, ob wir diesen Urzeugen glauben = vertrauen möchten oder nicht. Daran lebt oder scheitert unsere gesamte Glaubenspraxis, und es gibt definitiv keinen dritten Weg irgendwo dazwischen, kein „Vielleicht" oder „Möglicherweise". Die Frage verlangt uns eine klares und eindeutiges Ja oder Nein ab. Wenn ich diese zweite Möglichkeit des zweiten

71

Wegweisers wähle und ungeachtet des Sterbens auf das Leben des geliebten Menschen setze, dann habe ich das klare Ja zur Osterbotschaft innerlich bereits vollzogen. Ich beziehe in die positive Glaubensfrage auch einige der eschatologischen[9] Aussagen anderer Weltreligionen mit ein, denen vom Zweiten vatikanischen Konzil ein grundsätzlicher Wahrheitsgehalt zugesprochen wurde[10], und verweise dazu auch auf mein Buch „*Allezeit und Ewigkeit*" als Sekundärliteratur.

Das zweite „Weil..." beinhaltet bereits eine eindeutige Hommage an das Leben, da ich nicht nur die Erinnerung an Dich in mir wach halte, sondern Deine Lebenszeichen in meinem Herzen, Empfinden und Denken ausdrücklich zulasse. Was vielleicht in der ersten Trauerzeit nur ein unbestimmtes Ahnen darstellt, möchte schon nach kurzer Zeit als zartes Pflänzchen wachsen und gedeihen. Noch braucht diese zarte Empfindung meine ganze Pflege und Fürsorge, soll sie nicht auf dem Wüstenboden meines Schmerzes eingehen, bevor ich richtig mit ihr umzugehen vermag. Das nette Sprichwort „*Lass Blumen sprechen*" ist in diesem Fall sehr gut angebracht, doch ist es mindestens genauso wichtig, auf die leisen, gefühlten Worte zu antworten, da jeder Monolog

---

[9] Eschaltologie (griech.) Lehre von den letzten Dingen. Umfasst Fragen nach der Vollendung des Einzelnen bzw. der gesamten Schöpfung, des Lebens nach dem Tod und der Aussicht auf eine neue Welt

[10] Nostra Aetate (lat.) In unserer Zeit, Aussage über das Verhältnis der Kirche zu den nichtchristlichen Religionen

nach und nach verstummen würde. Wenn ich an dieser Stelle des zweiten Wegweisers Dein Weiterleben, in meinem Herzen oder in meinen Träumen aus eigener Überzeugung oder zumindest aus dem erwähnten Empfinden heraus bejahe, kann ich auch beginnen, an der Begegnung mit Dir zu arbeiten. Es ist in der akuten Trauerphase mit Sicherheit noch verfrüht, jedoch werde ich für diese Begegnungen mit der Zeit weder Dein Grab noch einen anderen festen Ort benötigen. Was ich in meinem Herzen trage, das hat seinen Ort in mir selbst, und wird zu gegebener Zeit ein Teil meiner selbst werden. Ja, was in Deinem irdischen Leben an gemeinsamer Wellenlänge und nonverbaler Konversation zwischen uns möglich war, das kann und darf langsam aber sicher auch für unsere transzendentale Beziehung gelten. Das zunächst sehr zarte Pflänzchen kann bei guter Pflege für mich zu einem starken Baum werden, in dessen Geborgenheit ich selber immer wieder zur Ruhe kommen kann.

Die beiden letzten „Weil…" sind zunächst Aussagen, die ich mir als Sicherheitsleine und Fangnetz aneigne, um nicht in die Hoffnungslosigkeit zu fallen. Für sich alleine gesehen würde es sich um eine Art der Selbstvertröstung handeln, bei der ich mir das Gewünschte nur oft genug einzureden bräuchte, um es als eigene Wahrheit absolut zu setzen. Doch so wenig eine funktionierende Fangleine oder ein verlässliches Sicherheitsnetz in der Luft hängen kann, so wenig werden die Selbsttröstungen für sich allein mir dauerhafte Hilfe sein. Wie in der Bergrettung oder im Feuerwehreinsatz benötigen die Sicherheitsgeschirre feste Anschlagpunkte, die in der Lage sind, die daran hängenden Lasten zuverlässig zu tragen. Wenn ich demnach an Dein Leben denke und mir diesen Gedanken zu eigen machen möchte, muss ich sorgfältig überlegen, wo ich ihn sicher verankern kann. Nur dann wird er für mich Hoffnung und Hilfe sein können. Finde ich keinerlei Ankerpunkte, so kann ich vielleicht die Hoffnung eine Zeit lang am Leben erhalten, wie die Geschichte der beiden Frösche gezeigt hat. Irgendwann aber wird diese haltlose Hoffung aufgebraucht sein, und dann droht das endgültige Versinken. Der Glaube, das Vertrauen in die lebenspendenden Aussagen der Evangelien sind gewiss ein, wenn nicht sogar der beste aller Anschlagpunkt für meine feste Hoffnung. Ich kann diese Eckpunkte im Blick behalten und daran erkennen, ob ich dem rettenden Ufer näher komme oder nicht. Ich kann meine Richtung immer wieder korrigieren, wenn ich die Dynamik und Lebendigkeit der Glaubensschwerpunkte in meine jeweilige Lebenssituation einbinde. Wenn ich mich erst einmal für Dein Leben entschieden habe, werde ich nach kurzer Zeit auch die Hilfe spüren, die unserer lebendigen Beziehung entspringt. Glaube und Hoffnung sind sehr eng aufeinander verwiesen. Ohne den Glauben und das damit verbundene tiefe Vertrauen wird die Hoffung nur schwerlich Bestand haben.

An dieser Stelle möchte ich aber auch alle Trauenden, die sich am aktuellen Wegweiser für die Sichtweise des Todes entschieden haben, in die Gemeinschaft aller Leserinnen und Leser hereinholen, um gemeinsam das nächste Kapitel aufzuschlagen, die Liebe.

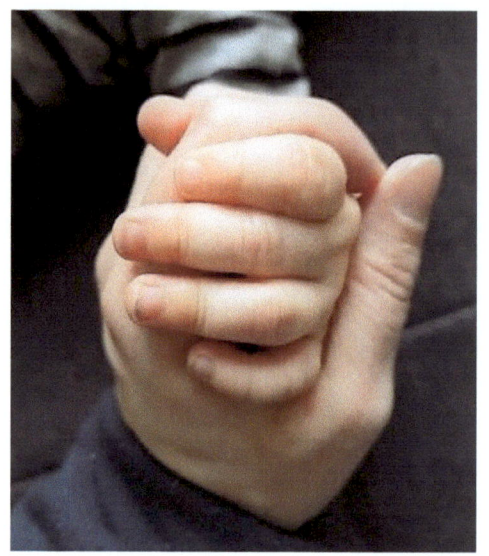

Die Liebe

76

LIEBE

Strebt aber nach den höheren Gnadengaben! Dazu zeige ich euch einen überragenden Weg (1.Korinther 12,31)

Paulus leitet mit diesen Worten eine der bedeutendsten Betrachtungen über die Liebe ein, die jemals zu Papier gebracht worden ist:

Wenn ich in den Sprachen der Menschen und Engel redete, hätte aber die Liebe nicht, wäre ich dröhnendes Erz oder eine lärmende Pauke.
Und wenn ich prophetisch reden könnte und alle Geheimnisse wüsste und alle Erkenntnis hätte; wenn ich alle Glaubenskraft besäße und Berge damit versetzen könnte, hätte aber die Liebe nicht, wäre ich nichts.
Und wenn ich meine ganze Habe verschenkte und wenn ich meinen Leib opferte, um mich zu rühmen, hätte aber die Liebe nicht, nützte es mir nichts.
Die Liebe ist langmütig, die Liebe ist gütig. Sie ereifert sich nicht, sie prahlt nicht, sie bläht sich nicht auf.
Sie handelt nicht ungehörig, sucht nicht ihren Vorteil, lässt sich nicht zum Zorn reizen, trägt das Böse nicht nach.
Sie freut sich nicht über das Unrecht, sondern freut sich an der Wahrheit.
Sie erträgt alles, glaubt alles, hofft alles, hält allem stand.
Die Liebe hört niemals auf. Prophetisches Reden hat ein Ende, Zungenrede verstummt, Erkenntnis vergeht.

77

Denn Stückwerk ist unser Erkennen, Stückwerk unser prophetisches Reden;
wenn aber das Vollendete kommt, vergeht alles Stückwerk.
Als ich ein Kind war, redete ich wie ein Kind, dachte wie ein Kind und urteilte wie ein Kind. Als ich ein Mann wurde, legte ich ab, was Kind an mir war.
Jetzt schauen wir in einen Spiegel und sehen nur rätselhafte Umrisse, dann aber schauen wir von Angesicht zu Angesicht. Jetzt ist mein Erkennen Stückwerk, dann aber werde ich durch und durch erkennen, so wie ich auch durch und durch erkannt worden bin.
Für jetzt bleiben Glaube, Hoffnung, Liebe, diese drei; doch am größten unter ihnen ist die Liebe.
(1.Korinther 13,1-13)

Die Liebe[11] wurde durch alle Zeiten der Menschheitsgeschichte beschrieben, besungen, in Bildern, Skulpturen, Komödien und Dramen dargestellt, und auf Filmrollen gebannt. Sie ist die Ursache für Hochzeiten und im negativen Umkehrschluss für Trennungen, für sie wurden tausende Meilen gereist, in ihrem Namen Kriege geführt, aber auch wahre Heldentaten der Menschlichkeit vollbracht. Die Liebe ist das Superlativ von Zuneigung, Verbundenheit und Wertschätzung, die absolute Steigerung von Freundschaft und Zusammengehörigkeitsgefühlen, sie kann in ein körperliches Begehren münden (Eros), oder als platonische Liebe auf einer rein geistigen Ebene verharren. Wahre Liebe ist –

---

[11] von liep (mitteldeutsch), Wertvolles, Angenehmes, Gutes

78

wenn wir Paulus recht geben – stets selbstlos und ausschließlich einem Gegenüber zugewandt. In der Folge davon schließen sich Egoismus (Eigenliebe, Ichbezogenheit) und tätige Liebe gegenseitig aus.

Liebe benötigt immer ein Ziel; sei es ein anderer Mensch oder Lebewesen, die tiefe Zugewandtheit zu Künsten wie Malerei und Musik, zu kulinarischen Köstlichkeiten oder einem favorisierten Urlaubsland. Sie kann sich genauso gut an leblose Dinge wenden wie an Gewohnheiten, die mich äußerst erfreuen und die ich nicht vermissen möchte. Liebe kann uns sehr viel abverlangen: den Verzicht auf die Ichbezogenheit, die Höher- oder zumindest Gleichwertigkeit des Du, das Zurückschrauben eigener Bedürfnisse und Wünsche zugunsten des Du oder des Wir, die uneingeschränkte Wertschätzung des anderen auch in schwierigen Situationen und im Streit. *Hätte ich die Liebe nicht, so wäre ich nur dröhnendes Erz oder eine lärmende Pauke,* mahnt uns der Apostel Paulus, und es braucht wenig Phantasie, um das Dröhnende in skrupellosen Diktatoren oder geldgierigen Finanzhaien wiederzufinden. Und wie sieht es bei mir selbst aus? Ist meine Liebe wirklich immer so selbstlos, wie ich es gerne möchte? Verzichte ich auf meinen Vorteil? Trage ich das Böse wirklich nicht nach? Der Brief an die Korinther zeichnet gewiss ein Idealbild der Liebe, das aber in der Realität meist nur in Teilen und auch nur mit großer Mühe umgesetzt werden kann.

Es hilft mir in meinem Bemühen um eine liebevolle Lebensausrichtung sehr viel weiter, wenn auch ich mich geliebt fühle. Ich kann diese größte aller Gaben sehr viel leichter weiterschenken, wenn ich in der Gewissheit lebe, selbst Beschenkter zu sein. Das hat allerdings nichts mit Leistung und Gegenleistung zu tun, sondern mit dem unvergleichlichen Hochgefühl, das sie empfangene Liebe in mir auslöst. Aus dieser Seligkeit heraus kann und möchte auch ich die Liebe nicht für mich behalten, sondern sie mit freudigem Herzen mit jemand anderem und mit anderen teilen. *„Liebt einander, so wie ich euch geliebt habe"*. Jesus betont immer und immer wieder die Liebe, die wir zuerst empfangen dürfen, um sie dann konsequenterweise weiterzureichen. Wir müssen nicht in Vorleistung gehen, weil Gott, der die vollkommene Liebe genannt wird, uns mit seiner Liebe zuvorkommt.

Wenn ihr meine Gebote haltet, werdet ihr in meiner Liebe bleiben, so wie ich die Gebote meines Vaters gehalten habe und in seiner Liebe bleibe. Dies habe ich euch gesagt, damit meine Freude in euch ist und damit eure Freude vollkommen wird.

Das ist mein Gebot, dass ihr einander liebt, so wie ich euch geliebt habe. Es gibt keine größere Liebe, als wenn einer sein Leben für seine Freunde hingibt. Ihr seid meine Freunde, wenn ihr tut, was ich euch auftrage.

Ich nenne euch nicht mehr Knechte; denn der Knecht weiß nicht, was sein Herr tut. Vielmehr habe ich euch Freunde genannt; denn ich habe euch alles mitgeteilt, was ich von meinem Vater gehört habe.

Nicht ihr habt mich erwählt, sondern ich habe euch erwählt und dazu bestimmt, dass ihr euch aufmacht und Frucht bringt und dass eure Frucht bleibt. Dann wird euch der Vater alles geben, um was ihr ihn in meinem Namen bittet. (Johannes 15, 10-16)

Der Superlativ der Liebe ist die vollkommene Hingabe für Freunde, für eine(n) andere(n), für eine Zielgruppe oder für einen selbstlosen Herzensdienst. Lebenshingabe meint dabei nicht zwangsläufig das Sterben im Dienste der Liebe, sondern kann auch die Unterordnung der eigenen Lebensführung unter das größere Ziel bedeuten, z. B. als Mitglied einer Hilfsorganisation oder eines Katastrophendienstes. Ohne eigene Liebe aber kann ich einen solchen Dienst nur schwer vollziehen, besonders, wenn die Tätigkeit abseits der Öffentlichkeit geschieht, und es mir damit nicht um Ruhm und Anerkennung gehen kann. Wir alle sind zur Liebe im weitesten Sinne berufen, auch wenn sie in manchen abgeschwächten Begriffen zum Tragen kommt: Rücksichtnahme, Respekt, Solidarität, Treue, Gerechtigkeit. Selbst wenn wir diese Ausprägungen der Liebe nicht Gott zuschreiben würden, so bände uns doch die Befolgung diverser Gesetze, Regeln und die in unsere Traditionen eingeflossenen Verhaltensweisen an eine im weitesten Sinne liebende Ausrichtung unseres Tuns. Doch wie lange sind wir in einem konkreten Fall an die Liebe gebunden? Wann endet unsere innige Verbindung?

Bis dass der Tod uns scheidet?

„Ich verspreche dir die Treue in guten und bösen Tagen, in Gesundheit und Krankheit, bis dass der Tod uns scheidet". Dieses zentrale Versprechen ist der Kern der Eheschließung, und die vielleicht weitreichendste Zusage an einen geliebten Menschen. Ich mache in meinen Traugesprächen die Paare auf die Tragweite dieses Gelöbnisses aufmerksam, denn die Liebe eines Brautpaares soll ein ganzes Leben lang halten, zumindest sollte zum Zeitpunkt der Eheschließung diese feste Absicht bestehen. Definitiv wird aber jedes noch so verliebte und vertraute Paar früher oder später durch das Sterben des einen Partners voneinander getrennt, und es entfällt für den überlebenden Teil ab diesem Zeitpunkt die Verpflichtung zur ehelichen Treue. Doch wie sieht es mit der Liebe aus, die sich beide einst in die Hand hinein versprochen haben? Erlischt die Liebe mit dem Tod? Wäre es so, dann bedürfte es keines Abschiedrituals am Sterbebett oder am Grab, dann wäre die Trauerzeit komplett überflüssig, und der zurückgebliebene Partner würde in der nächsten Stunde bereits zur gewohnten Routine zurückkehren, und sich so schnell wie möglich wieder neu orientieren. Jedoch die Wirklichkeit sieht deutlich anders aus. Die Tränen und der Schmerz des Abschiedes drücken klar aus, dass die Liebe zu dem/der Verstorbenen eben weiter existiert, und sei es auch bloß in der Form einer liebevollen Erinnerung. Das wiederum eint

gläubige Menschen mit Nichtglaubenden, ja sogar mit überzeugten Atheisten. Die Liebe scheint eine überragend große Macht zu haben, die sich auch unabhängig von Glauben und Religion etablieren und verwirklichen kann. Es ist dieser wundervolle *„andere Weg, der alles übersteigt"*, den Paulus in seinem Brief an die Gemeinde von Korinth so trefflich beschrieben hat. Wenn nun auch bei Menschen, die jeden Gedanken an ein Leben jenseits unseres irdischen Daseins strikt verneinen, die Liebe zu ihren verstorbenen Angehörigen und Freunden fortbesteht, welches Ziel und welche Qualität hat dann dieses geheimnisvolle Band speziell für sie?

Ist es nur die Erinnerung an schöne Stunden und Tage, oder die Verehrung einer Eigenschaft des/der Verstorbenen, die auch nach dem Abschied noch weiter bewundert wird? Sind es materielle oder geistige Hinterlassenschaften; ein schöner Garten oder ein netter Brief, die Ehrenmitgliedschaft in einem Verein oder etwas, das zu Lebzeiten den Kindern oder Enkeln beigebracht wurde? Das kann selbstverständlich die Verehrung erklären, die ein „Toter" genießt, denken wir nur einmal an die Musik Mozarts oder die Bilder Rembrandts. Doch genügen diese Aktionen wirklich der Liebe? Reicht uns dazu die Konservierung der Erinnerung, und sei sie noch so schön? Kann das Band der Liebe wirklich Bestand haben, wenn sich am jenseitigen Ende niemand befindet, der es mit mir zusammen festhält? Die Liebe braucht ebenso wie der Glaube und die Hoffnung ein Gegenüber, ein Ziel und einen Orientierungspunkt, sonst verliert sie schnell ihre Strahlkraft und verblasst. Auch Mozarts Kompositionen muss ich immer und immer wieder hören, um sie in mir lebendig zu halten, und vor dem Gemälde eines von mir verehrten Künstlers muss ich immer wieder aufs Neue auf Entdeckungsreise gehen. Selbst einen toten Gegenstand muss ich immer wieder betrachten oder berühren, um mich langfristig daran erfreuen zu können. Und doch bleibt es — selbst wenn wir das Wort Liebe dafür nutzen — gegenüber Mozart und Rembrandt, bei Goethe oder einem schönen Sportwagen bei einer schwärmerischen Verehrung und Bewunderung. Liebe jedoch bedeutet so unendlich viel mehr. Sie ist eine sehr dynamische, starke und lebendige Kraft, die sich nur in einer lebendigen Beziehung vollkommen manifestieren und verwirklichen kann. Sie wächst umso mehr, je mehr man sie miteinander teilt. Liebe braucht ihre Erwiderung, soll sie sich nicht in schwärmerischer Liebelei verlieren.

Doch zweifelsfrei ist jede ehrliche Trauer ein Ausdruck von Liebe, ungeachtet von wem sie kommt oder welche Vorstellung der Trauernde vertritt. Keinesfalls möchte ich nichtgläubigen Menschen die Fähigkeit zur Liebe absprechen. Allerdings stellt Liebe ohne Glaube meines Erachtens eine schwer überbrückbare Spannung dar. Daher möchte ich bei wirklich innig liebenden Menschen ihren Nichtglauben deutlich hinterfragen. Anhaltende Liebe gegenüber Verstorbenen nährt sich primär aus der hoffenden Sehnsucht diesem Menschen gegenüber; Hoffnung aber braucht, um sich nicht zu verbrauchen, einen bleibenden, stabilen Fixpunkt des Vertrauens, den Glauben an jemanden oder an etwas. Das braucht nicht zwingend (ein) Gott zu sein, denn auch das innige Vertrauen einem anderen Menschen gegenüber können wir zu Recht als Glaube bezeichnen. Doch wie können wir unser Vertrauen einem „Toten" entgegenbringen, und ich meine damit nicht einen Verstorbenen, sondern jemanden, den wir als endgültig erloschen und vergangen wähnen. Hier eine auch nur ansatzweise vertrauende Beziehung aufrecht erhalten zu wollen, scheint mir geradezu unmöglich. Glaube, Hoffung und Liebe sind zwingend auf einen eindeutig definierten Daseinsstatus verwiesen, und dieser Zustand heißt nicht Tod, sondern Leben. Im nächsten Kapitel soll davon noch ausführlich die Rede sein.

Der dritte Besuch an Deinem Grab

„Hallo, da bin ich wieder". Ich stehe auch heute wieder auf dem Friedhof an Deinem Grab, und lege zuerst die Schleifen der Blumengebinde, die der Wind ein wenig durcheinandergebracht hat, wieder zurecht. Es ist schönes Wetter, und einige Leute sind ebenfalls hier. Sie gießen die Blumen auf den Gräbern; einer zupft Unkraut rund um die Grabeinfassung. „Alles bereits Routine", zische ich leicht durch die Zähne, und schäme mich sogleich dafür. Bestimmt haben auch sie ähnliches Leid durchgemacht wie ich heute. Hoffentlich wird es bei mir nicht zur Gewohnheit, denke ich, und schäme mich auch für diesen Gedanken. Ich finde heute keine rechte Andacht, und beschließe deshalb, wieder zu gehen. „Bis zum nächsten Mal" murmle ich leise vor mich hin, als ich Dein Grab verlasse und mich auf den Heimweg vom Friedhof mache. Ich wähle bewusst nicht den Weg mitten durch den Ort sondern halte mich abseits auf einer wenig befahrenen Seitenstraße. Meine Gedanken hängen wie so oft wieder an deinem Sterbetag und am Tag deiner Beerdigung. Es ist zum Verrücktwerden – das Leben zwingt uns als Hauptdarsteller in Dramen, in denen wir unserer Meinung nach bestenfalls als neutrale Zuschauer vorkommen dürften. Muss das denn alles sein?

Mir ist, als ob ich auf einmal nicht mehr allein ginge. Ich schaue mich um, will sehen, ob mir jemand gefolgt ist. Doch da ist niemand, aber ich meine weiterhin, nicht allein zu sein. Ich bleibe stehen, schließe meine Augen, öffne sie wieder. Das Gefühl des Begleitetwerdens hält an, wird sogar noch stärker. „Was ist jetzt los?" frage ich halblaut, dann rufe ich leise fragend deinen Namen. Ein Gefühl der Wärme durchströmt mich, und ich spüre einen leichten Windhauch auf meinen Wangen. Ich bin verunsichert; ist das jetzt nur eine Einbildung? Auf der anderen Seite fühle ich mich gerade – zum ersten Mal seit langem – wieder wohl und geborgen, so, als ob ich aus einem langen Alptraum erwacht wäre. Dieses wohltuende Gefühl möchte ich noch so lange wie möglich genießen, und ich beschließe, mich auf eine wie auch immer geartete Begegnung mit Dir einzulassen. Ich flüstere erneut Deinen Namen, und erhalte - wie erwartet - keine hörbare Antwort. Also denke ich die nächste Frage nur, anstatt sie laut auszusprechen: „Bist Du es?" Wieder erhalte ich keine Antwort, doch die zarte Empfindung von Nähe und Wärme verstärkt sich noch. Ich setze mich auf eine kürzlich aufgestellte Bank am Wegrand und schließe meine Augen, genieße die Sonnenstrahlen und strecke meine Beine aus. Dann lasse ich dem eben neu erlebten Gefühl freien Lauf, sehe Dein liebes Gesicht, das ich so sehr vermisse, vor mir, und bin seit langem zum ersten Mal ein wenig glücklich. Ich lasse die Zeit seit Deinem Weggang nochmals Revue passieren: Deine Beerdigung, die mich an den Rand des Erträglichen gebracht hatte, die bittere Leere und Einsamkeit, die täglichen Besuche an Deinem Grab, die mein Alleinsein nur noch verstärkt haben. Mein Glaube wurde in dieser Zeit auf eine sehr harte Probe gestellt, doch konnte ich auch neue Hoffnung schöpfen, obwohl ich anfangs kein rettendes Land gesehen habe. Ich habe festgestellt, dass meine Liebe zu Dir nicht verblasst ist, sondern im Gegenteil noch stärker und intensiver geworden ist. Der Mensch lernt erst das richtig zu schätzen, was er verloren hat. Die Liebe zu Dir, auch über die Barriere des Todes hinweg, hat mich gestärkt, und ich lerne langsam, mit meiner Trauer umzugehen. Und jetzt sitze ich hier auf dieser Ruhebank, allein und doch nicht allein, traurig und gleichzeitig getröstet, und kommuniziere mit Dir, ohne Worte, jedoch mit soviel Liebe im Herzen. Mir fällt die Aussage des Paulus wieder ein: *„Die Liebe hört niemals auf"*, und ich erkenne den *„anderen, überragenden Weg"*, der uns beide von nun an, doch hoffentlich für immer verbinden wird.

Ich verlasse die Ruhebank am Wegrand, um mir noch ein wenig Ruhe im Wald zu gönnen. Die Geräusche des Ortes werden allmählich leiser, dafür begrüßt mich die stille Natur mit ihrer leisen Symphonie aus rauschenden Bäumen und Vogelgesang. Die Liebe ist selbst wie ein Wald: Man lässt vieles, was einen stört, außen vor und öffnet Herz und Ohren für die leisen Töne. Mit der Liebe geht auch der Friede Seite an Seite. Nicht ein Friede, wie ihn uns die Mächtigen dieser Welt versprechen, und der nur klappt, wenn ein Staat den anderen mit einem möglichst großen Waffenarsenal in Schach hält. Der Friede, der die Liebe begleitet, muss genauso wie diese zuerst und zutiefst aus dem eigenen Herzen kommen und wie ein zartes Pflänzchen gepflegt werden. Nur dann kann er zum Segen werden, nur dann kann ich ihn teilen und wünschen, und bei anderen dafür werben. Der Wald hat – solange er nicht infolge menschlicher Ignoranz ausgebeutet und zerstört wird – seine eigene Dynamik und seine eigenen Gesetze. Seine Lebewesen, Pflanzen wie Tiere, sind aufeinander verwiesen und brauchen die Symbiose dieses zusammenhängenden Biotops zum Überleben. Und ich?

Der dritte Wegweiser: unterwegs in der Stille

Erinnerung, oder….?

Ich kann die liebevolle Begegnung mit Dir oder die liebende Erinnerung an Dich noch nicht sicher einordnen, während ich beim Spazierengehen im Wald auf den dritten Wegweiser treffe. Anders als bei den beiden Zeichen zuvor habe ich jetzt sogar drei Richtungen zur Auswahl: Einen Weg zurück zum Friedhof; einen Weg der liebevollen Erinnerung, und einen Weg ins Ungewisse, aber mit Dir an meiner Seite.

Die erste Möglichkeit: Ich gehe zurück zum Friedhof, weil…

- der Tod einfach eine Tatsache ist, an der ich nicht vorbeikomme, und die ich doch nicht ändern kann
- mir die Emotionen doch nur Schmerz bereiten würden
- ich einen festen Ort für meine Erinnerung brauche

89

Trauer braucht einen festen Ort, so wird mir immer wieder von Hinterbliebenen rückgemeldet. So bleibt zumindest etwas Substantielles des geliebten Menschen sicht- und erlebbar. An die Stelle des greifbaren Gegenübers tritt ein Grabkreuz oder ein Grabstein mit dem geliebten Namen darauf. Der Namenszug als erster Platzhalter kann zum Haltepunkt in der Trauer werden, weswegen gerade in der akuten Trauerphase das Grab oft und gerne aufgesucht wird. An dieser Halt gebenden Gewohnheit kann ich solange festhalten, wie es für mich stimmig ist. Mit der Zeit wird mir dann die Endgültigkeit dieses wichtigen Ortes mehr und mehr bewusst, und manchmal treten die Blumen und Pflanzen auf der Grabstätte dann an die Stelle des Namenszuges. Es ist ein ehrenvolles Gedenken, ein Grab zu bepflanzen und zu gießen, und viele meiner Bekannten ärgern sich über jedes Unkraut, das an einem Grab wuchert und dieses ihrer Meinung nach verunstaltet. Im Laufe der Zeit und mit nachlassendem Trauerschmerz werden auch meine Friedhofsbesuche wahrscheinlich weniger werden, bis sie nach einigen Jahren primär der Fürsorge gegenüber den Grabpflanzen gelten. „Zeit heilt alle Wunden", meint ein Sprichwort, oder „mit der Zeit wächst Gras darüber." Gerade in längst vergangenen Jahrhunderten galt ein möglichst prachtvolles Grab als größte Ehre für die Verstorbenen, und als Trost und Zufriedenheit für die Hinterbliebenen. Die Marmorgrüfte der Fürsten- und Königshäuser, gepaart mit prachtvollen Standbildern, die auch für die „Unsterblichkeit" der Bestatteten sorgen sollten, sprechen eine deutliche Sprache. Das Grab als Ort der Erinnerung ist in der ersten Zeit nach dem Versterben des geliebten Menschen vielleicht unverzichtbar, und das ist auch gut so. Ich bezweifle allerdings die langfristige Nachhaltigkeit und wende mich jetzt dem zweiten Weg zu.

Die zweite Möglichkeit: Ich lebe in lieber Erinnerung, weil...

- ich Dich nicht vergessen kann und will, auch wenn Du tot bist
- mir die beiden anderen Wege entweder zu traurig oder unmöglich erscheinen
- ich die Erinnerung immer hervorholen kann, wenn mir danach ist.

Die liebevolle Erinnerung braucht nicht zwingend eine Grabstätte oder ein Denkmal als konkreten Ort, denn sie funktioniert auf einer geistigen Ebene. Ich kann sie aufschlagen wie ein Fotobuch, wenn mir danach ist, und sie dann wieder beiseite stellen. Sie macht sich meist eher an Ereignissen fest, und nicht so sehr an der konkreten Person. Sie sucht die schönsten Momente und besonderen Anlässe, während der Alltag eine bedeutend kleinere Rolle spielt. Anstatt zu verblassen, werden die schönen Augenblicke in der Erinnerung mit der Zeit immer mehr idealisiert und überhöht. So entsteht über kurz oder lang das Idealbild des geliebten, verstorbenen Menschen, in dem seine weniger guten Eigenschaften deutlich in den Hintergrund treten oder ausgeblendet werden. Die Erinnerung braucht nicht den lebenden Menschen oder die Vorstellung eines Weiterlebens nach dem Tod. Da sie rückwärtsgerichtet ist, begnügt sie sich voll und ganz mit dem Vergangenen. Die Liebe, die auch in der Erinnerung Bestand hat, erzählt hier erlebte Geschichten mit dem konkreten Menschen. Die liebevolle Erinnerung ersetzt nach und nach die akute, schmerzhafte Trauer, auch wenn sie oft von einem wehmütigen Vermissen begleitet wird. Die Aussage „Zeit heilt alles Wunden" trifft am ehesten auf diesen zweiten Weg zu. Die Möglichkeit der Erinnerung schließt die Akzeptanz des Geschehenen nicht aus, und lässt auch die Endgültigkeit des Abschiedes zu. Die Phase der Erinnerung kann an die Trauerzeit mit dem Grab als Mittelpunkt anschließen und diese auch ablösen. Das Zurückdenken an die schöne Zeit mit dem/der Verstorbenen spendet Trost und Halt, und zaubert schon bald wieder ein zartes Lächeln auf mein Gesicht.

Die dritte Möglichkeit: Ich wage mit Dir das Ungewisse, weil …

- ich gespürt habe, dass Du immer noch da bist und lebst
- ich den Aussagen des Glaubens vertraue und diesen Weg wagen möchte
-

Bevor ich mit Ihnen, liebe Leserinnen und Leser diesen dritten Weg betrachte, möchte ich zwei Stellen aus dem Neuen Testament vorstellen, die mir im Zusammenhang mit dieser Möglichkeit wichtig und zwingend notwendig erscheinen:

Und siehe, am gleichen Tag waren zwei von den Jüngern auf dem Weg in ein Dorf namens Emmaus, das sechzig Stadien von Jerusalem entfernt ist. Sie sprachen miteinander über all das, was sich ereignet hatte. Und es geschah, während sie redeten und ihre Gedanken austauschten, kam Jesus selbst hinzu und ging mit ihnen. Doch ihre Augen waren gehalten, sodass sie ihn nicht erkannten. (Lukas 24, 13-16)

Während sie noch darüber redeten, trat er selbst in ihre Mitte und sagte zu ihnen: Friede sei mit euch! Sie erschraken und hatten große Angst, denn sie meinten, einen Geist zu sehen. Da sagte er zu ihnen: Was seid ihr so bestürzt? Warum lasst ihr in eurem Herzen Zweifel aufkommen? Seht meine Hände und meine Füße an: Ich bin es selbst. Fasst mich doch an und begreift: Kein Geist hat Fleisch und Knochen, wie ihr es bei mir seht. Bei diesen Worten zeigte er ihnen seine Hände und Füße. Als sie es aber vor Freude immer noch nicht glauben konnten und sich verwunderten, sagte er zu ihnen: Habt ihr etwas zu essen hier? Sie gaben ihm ein Stück gebratenen Fisch; er nahm es und aß es vor ihren Augen. (Lukas 24, 36-43)

„Ich wage mit Dir das Ungewisse, weil…", so lese ich auf dem dritten Richtungspfeil dieses Wegweisers. Ungewiss deswegen, weil dieser Weg nicht etwa die Fortsetzung der gemeinsamen Wanderung vor dem Versterben des geliebten Menschen bedeutet, sondern eine vollkommen neue Art und Qualität des Zusammenseins bedingt, die auch von mir als Hinterbliebenem ein radikales Umdenken erfordert. Die beiden Jünger Jesu, die nach den schrecklichen Geschehnissen am Karfreitag auf dem Weg in das Dorf Emmaus sind, nehmen einen Fremden wahr, der sich zu ihnen gesellt und mit ihnen geht. Obwohl sie eine längere Zeit mit Jesus zusammengelebt und ihn begleitet haben, erkennen sie den Begleiter nicht; er bleibt ihnen fremd. Die Jünger der Gemeinde in Jerusalem meinen sogar, ein Geist trete ihnen gegenüber, und es braucht schon sehr starke visuelle und handelnde Überzeugungsarbeit seitens Jesu, bis sie ihre Angst überwinden. Die beiden zitierten Stellen in Lukas 24 belegen deutlich, dass die Erscheinung Jesu nach seiner Auferstehung von den Toten nicht einfach eine Rückkehr in die bisherigen Gewohnheiten und Umgangsweisen sind, so als hätte es das Kreuz und den Tod dazwischen niemals gegeben. Den beiden Emmausjüngern gibt sich Jesus erst durch das Teilen des Brotes endgültig zu erkennen: *„Da wurden ihre Augen aufgetan, uns sie erkannten ihn." (Lukas 24, 31).* Die langsam wachsende Erkenntnis, dass es sich bei dem Mitwanderer nicht um einen Fremden handeln könnte, geschieht bereits auf dem Weg, als Jesus die Heilige Schrift deutet, und Tod und Auferstehung des Messias bei den alten Propheten zitiert. *„Brannte uns nicht das Herz, als er mit uns redete?"* *(Lukas 24,32?)* Jesus ist in allen Begegnungen mit seinen Freunden stets der Handelnde, der sich aktiv zu erkennen gibt und selbst den zweifelnden Apostel Thomas seine Nagelwundmale berühren lässt. Warum aber erkannten die Jünger den Auferstandenen nicht?

Zweifelsfrei hat sich die Beziehung zwischen Jesus und den Seinen nach Ostern verändert, sie findet jetzt auf einer völlig anderen Ebene statt. Zwar isst und trinkt Jesus wie vor seinem Gang nach Golgatha, jedoch dient das der sichtbaren Beweisführung seines Lebens und nicht dem Stillen des Hungers oder Durstes. Er durchschreitet jetzt verschlossene Türen, er erscheint wie aus dem Nichts und entschwindet auch wieder den Blicken. Vierzig Tage nach seiner Auferstehung verlässt er als sichtbare und greifbare Gestalt endgültig diese Welt, nicht ohne zuvor das weitreichendste Versprechen abzugeben: *„Seht, ich bin bei Euch alle Tage, bis zum Ende der Welt"* *(Matthäus 28,20)*. Bereits die Art und Weise, wie sich Jesus menschlich lebendig, jedoch bereits transzendent zwischen der diesseitigen Welt und der Ewigkeit bewegt hat, lässt mich ahnen, dass auch meine Begegnung mit Dir als Seliger/Seligem eine andere Dimension haben wird, als ich es zu Zeiten Deines irdischen Daseins mit Dir gewohnt war.

Die direkten Berührungen, der Blick in Deine Augen, Deine liebe Stimme in meinen Ohren wird nicht mehr sein, und ich muss dabei auf die liebevollen Erinnerungen des zweiten Weges zurückgreifen. Auf die Wärme und den Trost Deiner Anwesenheit, auf die uns auf immer verbindende Liebe brauchen wir jedoch nicht zu verzichten, wenn wir es denn wirklich wollen.

Eine nie abreißende Verbindung direkt in die Ewigkeit? Den Kontakt zu einem jenseitigen Wesen haben, das aus der anderen Welt heraus alles kann und weiß? Ich könnte leicht in Versuchung geraten, diese Verbindung für meine persönlichen Zwecke zu gebrauchen. Warum nicht mal schnell die Lottozahlen des kommenden Samstags in Erfahrung bringen? Wieso nicht den Vorteil nutzen, etwas früher zu wissen als andere, um daraus Kapital zu schlagen? Wieso denn nicht meine eigene Zukunft erfahren, um bei drohendem Unheil rechtzeitig gegensteuern zu können? Kann und wird das gelingen? Wird die Gegenseite mitspielen? Nein, das wäre nicht weniger als Missbrauch.

Wenn einem Menschen die Gnade geschenkt wird, tatsächlich einen Kontakt über die Grenze zwischen Leben und Tod aufzubauen und aufrecht zu erhalten, so ist die Brücke zwischen den Welten zu schmal und zu filigran, um meinen Egoismus und meine Selbstsucht zu (er)tragen. Das Überqueren des Stegs kann nur in der Haltung wahrer, selbstloser Liebe geschehen, einer Liebe, die sich um ihrer selbst willen manifestiert, die *„nicht den Vorteil sucht, und die sich nicht auf-bläht"*, wie es Paulus ausgedrückt hat. Alles andere wäre Missbrauch und Vertrauensbruch gegenüber dem geliebten, seligen Menschen. Und die bleibende Liebe verpflichtet mich auch, die unantastbare Souveränität meines geistigen Gegenübers anzuerkennen, eine Verbindung nicht zu jeder mir genehmen Zeit zu erzwingen, Dich nicht als mir uneingeschränkt verfügbar zu betrachten. Das Bewegen auf der erwähnten schmalen Brücke erfordert sehr viel Vertrauen in das Ungewisse, in Begegnungen, über deren Wann und Wie ich nicht einfach die Kontrolle besitze. Es ist wie der Ruf an den blinden Bartimäus, der seinen Mantel weggeworfen und damit alles hinter sich gelassen hat. Ich darf der Stimme meines Herzens folgen, und mir dann – vielleicht endgültig die Augen öffnen lassen. Habe ich dazu den Mut?

Wohin geht mein Weg?

Ich habe Sie, liebe Leserinnen und Leser, liebe Trauernde, wie auch die Spurensucher unter Ihnen eingeladen, an einer spannenden Wanderung durch die schwere Zeit des Abschiedes teilzunehmen. Wir haben mehrfach das Grab besucht, und sind an mehreren Wegweisern vor die Richtungswahl gestellt worden. Beim Zurückblicken sehen wir noch einmal die drei großen Meilensteine Glaube, Hoffnung und Liebe. Es ist möglich, jeden davon einzeln zu betrachten, und doch drängen sich immer wieder Querverbindungen und wichtige Bezüge auf. Hoffnung dürfte ohne Glaube als anfixiertes Ufer schwer durchzuhalten sein, und Glaube, der keine Hoffnung erzeugt, bleibt schwach und farblos. Der größte Meilenstein ist sicher die Liebe, denn sie stellt die größte und spannungsvollste aller menschlichen Empfindungen dar. Liebe kommt primär erst einmal ohne (Gottes-) Glauben und ohne Hoffnung aus, denn auch ungläubige Menschen und solche, die jede Hoffnung verloren haben, sind uneingeschränkt fähig zu lieben. Doch auch bei ihnen kann sich Glaube etablieren, wenn schon kein religiöser Glaube, so doch der Glaube = Vertrauen in einen anderen Menschen, eine Institution oder eine gute Gewohnheit. Und so scheint mir die Frage berechtigt, ob liebende Menschen nicht generell unfähig zum Nichtglauben sind. Wenn Liebe aufgrund des Glaubens und der mit ihm verbundenen Hoffnung zur Erkenntnis gelangt, dass sie nicht nur in der liebevollen Erinnerung an ihr Ziel gelangt, sondern dass ein – wie auch immer manifestiertes – lebendiges Gegenüber ihr Adressat sein kann, ist die Akzeptanz einer bleibenden Verbindung mit einem seligen Menschen nicht mehr weit. Glaube, Hoffnung und Liebe dürfen und sollen hinterfragt werden und reifen können. Die Trauer um einen verstorbenen Menschen ist ein zeitaufwändiger Prozess, und ein Weg des Suchens, des Ahnens, und am Ende im idealen Fall des Wiederfindens.

Doch egal, für welchen Weg und welche Richtung Sie sich auch immer entscheiden oder entschieden haben, ist es doch sehr wichtig, die Gründe Ihrer Wahl zu kennen und zu reflektieren. Lassen Sie sich niemals gegen Ihre Überzeugung in die eine oder andere Richtung drängen; nicht von „guten" Freunden, von der Stammtischmeinung; nicht einmal durch dieses Buch; und schon gar nicht durch „die Leute". Es ist und bleibt Ihre eigene und souveräne Entscheidung. Gehen Sie den Weg, der für Sie stimmig erscheint und auch zu Ihrer momentanen Stimmung passt. Halten Sie niemals nur aus Prinzip an dem gewählten Weg fest, falls er sich im Nachhinein als nicht stimmig erweist. Bleiben Sie offen und mutig, Ihre Richtung immer wieder zu justieren, und – wenn erforderlich – auch einmal zu ändern. Gehen Sie ruhig auch einmal bis zum letzten Wegweiser zurück, um sich in Ruhe wieder für dieselbe, oder auch für eine andere Richtung zu entscheiden. Denken Sie immer daran: Es ist Ihr persönlicher Weg und Ihre persönliche Entscheidung. Ganz egal, für was Sie sich entscheiden: Es muss Ihnen damit gut gehen.

Das Leben

LEBEN

Das letzte Kapitel dieses Buches ist der Suche nach dem Leben gewidmet, und es soll die gewonnenen Erkenntnisse der bisherigen Suche festigen und alltagstauglich umsetzen. Es setzt jedoch voraus, dass wir uns an den Wegweisern, speziell dem Dritten, explizit für diesen Lebensweg entschieden haben.

Habt ihr im Übrigen nicht gelesen, was Gott euch über die Auferstehung der Toten mit den Worten gesagt hat: Ich bin der Gott Abrahams, der Gott Isaaks und der Gott Jakobs? Er ist nicht der Gott von Toten, sondern von Lebenden. (Matthäus 22,31-32)

Im Laufe der letzten Jahre habe ich mir es abgewöhnt, von „Toten" zu sprechen, und vermeide gerade im Zusammenhang mit einer von mir gestalteten Trauerfeier dieses Synonym. Lieber verwende ich die beiden Begriffe „Verstorbene" oder - noch lieber - „Selige". Es ist mir auch sehr wichtig geworden, speziell an einem Grab oder in einer Trauerfeier von Lebenden zu sprechen, und eben nicht von „Toten". Wenn wir unseren christlichen Glauben auch nur ansatzweise ernst nehmen, dann dürfen wir nicht länger *„trauern, wie die, die keine Hoffnung haben"* (1Thessaloniker 4,13). Wir glauben, dass Christus Jesus in seiner Auferstehung den Tod bezwungen und dem Leben zum endgültigen Sieg verholfen hat. Deswegen möchte ich mit Ihnen, liebe Leserinnen und

101

Leser, den Blick nach vorne richten, und das selige Leben anhand von eigenen Erfahrungen und Begegnungen betrachten.

Die Besuche bei Theresia[12], einer ruhigen neunundachtzigjährigen Witwe in unserer Pfarrei hatten immer denselben Inhalt. Zuerst große Freude über unser Kommen, dann ein langes Gespräch über alte Zeiten und über gemeinsame Bekannte, die zum Teil schon lange nicht mehr lebten. Dann aber auch die Klage über die Einsamkeit, obwohl die Seniorin von ihrer Schwiegertochter liebevoll betreut und gepflegt wurde. Ihre Wünsche endeten immer in der gleichen Aussage: „Warum darf ich nicht endlich sterben?" Ich konnte ihr darauf auch keine Antwort geben. „Den Zeitpunkt bestimmt nur Gott für uns", war meine Standardantwort, doch sie befriedigte sie nicht wirklich. Deshalb lenkte ich das Gespräch immer wieder in eine andere Richtung. Unsere Besuche endeten stets mit dem Versprechen, bald wieder zu kommen.

Theresias gesundheitlicher Zustand verschlechterte sich langsam, und als meine Frau und ich sie an einem Frühlingstag besuchten, konnte sie das Bett bereits nicht mehr verlassen. Ihre Augen strahlten, als sie uns begrüßte. Sie erzählte von ihren Urenkeln, vom Besuch ihrer Schwägerin am Vortag, doch über das Sterben sprach sie dieses Mal kein einzi-

---

[12] Name geändert

ges Wort. „Mach's gut, Theresia, bis zum nächsten Mal",
verabschiedete sich meine Frau von ihr. „Wir werden sehen", antwortete sie mit einem Lächeln. „Meinst du, dass
wir sie noch einmal besuchen werden?", wollte meine Frau
wissen, als wir das Haus verlassen hatten. „Ich glaube eher
nicht" gab ich zur Antwort. „Mir kam es so vor, als hätte
Theresia ihren lang herbeigesehnten Termin endlich erfahren". Wenige Tage darauf schlief sie im Beisein ihrer Familie
ruhig und friedlich ein.
Theresias Abschied von dieser Welt hat eine wunderbare
Parallele im Lukasevangelium:

In Jerusalem lebte damals ein Mann namens Simeon. Er war gerecht
und fromm und wartete auf die Rettung Israels und der Heilige Geist
ruhte auf ihm. Vom Heiligen Geist war ihm offenbart worden, er wer-
de den Tod nicht schauen, ehe er den Messias des Herrn gesehen habe.
Jetzt wurde er vom Geist in den Tempel geführt; und als die Eltern
Jesus hereinbrachten, um zu erfüllen, was nach dem Gesetz üblich war,
nahm Simeon das Kind in seine Arme und pries Gott mit den Worten:
Nun lässt du, Herr, deinen Knecht, wie du gesagt hast, in Frieden
scheiden. Denn meine Augen haben das Heil gesehen, das du vor allen
Völkern bereitet hast, ein Licht, das die Heiden erleuchtet, und Herr-
lichkeit für dein Volk Israel. (Lukas 2, 25-32)

Simeon bat nicht darum, länger in dieser Welt leben zu dürfen, denn er hatte alles erreicht, was er sich jemals erträumt
hatte. So konnte er sein irdisches Leben vertrauensvoll in

Gottes Hände zurücklegen. Die gläubige Zuversicht des Simeon oder der Theresia sind in dieser Form nur denkbar, wenn wir den Selbsterhaltungstrieb des Menschen nicht außer Acht lassen. Die Hoffnung auf den Erhalt des Lebens, oder dessen Wandlung zu etwas noch größerem hin, gab Simeon und Theresia Kraft und Halt, ja sogar ein Stück weit Vorfreude auf das, was mit dem irdischen Tod Neues beginnen würde. Mit Sicherheit schöpfte auch Jesus aus dieser Zuversicht den Mut, um das schwere Kreuz zu akzeptieren. Wenn ich das Leben fest im Blick habe, stelle ich mir aus dieser Haltung heraus die folgende Frage:

Tot sein – geht das überhaupt?

Bei all meinen Überlegungen unterscheide ich sehr zwischen den Verbzeiten „versterben" oder „verstorben" einerseits und dem Verb „tot" andererseits. So lehne ich die Aussage „(Name) ist tot", wie sie allzu oft in den Nachrichten, in der Presse, aber selbst in der christlichen Liturgie zu hören und zu lesen ist, prinzipiell ab und ersetze „tot" durch „verstorben". Sterben im Sinne von „diese Welt verlassen" werden wir alle einmal, doch sind wir damit auch tot? „Nur wer vergessen ist, ist endgültig tot" Stimmt denn diese ebenfalls oft gehörte Aussage, die sich meist auf im Krieg gefallene Soldaten bezieht? Und wenn ja – so frage ich weiter – von wem müssten diese „Toten" dann vergessen worden sein? Von ihren Angehörigen? Vor der Gesellschaft oder der Geschichte? Oder von Gott? Geschichte verblasst, Gefallene sind nach Jahrzehnten nur mehr Namen auf Gedenksteinen, und selbst die Erinnerung an den Gräbern unserer Lieben weicht im Laufe der Jahre dem Alltag, in den jeder Trauernde irgendwann einmal zurückkehrt. Um das Vergessensein zu vermeiden, müssen wir als Hinterbliebene deshalb Umgangsformen mit unseren Seligen entwickeln, die weit über das Gedenken hinausgehen. Bleibt noch die Frage, ob ein verstorbener Mensch auch von Gott vergessen werden könnte. *„Eine Mutter könnte ihr Kind vergessen, doch ich vergesse dich nicht"* (Jesaja 49.15). Diese Zusage Gottes schließt im Kontext mit der gestellten Frage ein Vergessenwerden durch Gott kategorisch aus, und demnach folglich auch das „tot sein" als letzte Konsequenz. In dieser Konsequenz behaupte ich folglich, dass „tot sein" gar nicht möglich ist und dass wir verstorbene, selige Menschen deswegen vollkommen zu Unrecht als „Tote" bezeichnen.

Zumeist wird zwischen „verstorben" und „tot" kein Unterschied gemacht, wir betrauern unsere „Toten", beten das „Totengebet", halten „Totenwache". Evangelische Christen feiern den „Totensonntag", und wir bekennen gemeinsam die Auferstehung der „Toten". Doch ich bleibe dabei, dass dieser Begriff in den meisten Fällen unbedarft und ohne das Bedenken der Konsequenz verwendet wird. Ich verwende diesen mir ungeliebten Begriff ebenfalls, jedoch speziell im Zusammenhang mit Gegenständen, mit Himmelskörpern wie dem Mond oder mit erledigten Handlungsweisen und Traditionen, für die sich kein Mensch mehr interessiert.

Ein Mensch, ja jedes Tier und jede Pflanze, ist jedoch etwas vollkommen anderes. Einem jeden Lebewesen wohnt, wie der Name schon aussagt, Leben inne. Das unterscheidet die kleinste und lästigste Mücke von einem heiß geliebten, gehegten und gepflegten Auto in der Garage. Kann das Leben wirklich endgültig enden? Der Glaube in jeder Religion der Welt verspricht das Gegenteil, Nahtoderfahrungen lassen ebenfalls in die gleiche Richtung hoffen, wundersame Verbindungen zu verstorbenen Menschen sprechen ebenso dafür, das das Leben, unabhängig seiner irdischen Vergänglichkeit, nicht einfach aufhört.

Tot sein – geht das überhaupt? Ich habe einen lieben Freund, der mit der Erzählung seiner Nahtoderfahrung schon manche Zuhörergruppe zum Staunen gebracht hat, und der nach dieser für ihn wundervollen Erfahrung sein gesamtes Leben von Grund auf geändert hat. Seit jenem Tag leistet er wirklich wertvolle Überzeugungsarbeit zugunsten des ewigen Lebens jenseits des irdischen Todes. Ein ebenso strahlendes Plädoyer für die Unvergänglichkeit des Lebens hat der amerikanische Neurochirurg Dr. Eben Alexander mit seinem Buch *„Blick in die Ewigkeit"*[13] nach einer persönlichen, dramatischen Nahtoderfahrung gehalten. Nach seinem Erlebnis zwischen Leben und Sterben wurde er, der über-

---

[13] Dr. Eben Alexander, Blick in die Ewigkeit, Ansanta 2012

zeugte Ungläubige, über Nacht zum bekennenden Christen. Als ich dieses beeindruckende Buch gelesen habe, überkam mich eine wohlige, freudige Stimmung, und ich sagte mir voller Überzeugung und Gewissheit: Tot? Das geht doch gar nicht! Das Leben – das weiß und bekenne ich – ist stärker als der Tod. Das Leben hat gesiegt, bereits hier und jetzt.

Auf den Flügeln des Morgenrots

Gläubiges Vertrauen, gesunde, gewachsene Hoffung und die Liebe zu Gott werden seit Menschengedenken in zahllosen Texten, Geschichten, Gebeten und Bildern zum Ausdruck gebracht. Der Psalm 139 gehört in meinen Augen zu den schönsten Liebesbekenntnissen, die je ein Mensch zu Papier gebracht hat, und der in unveränderter Form seit etwa dreitausend Jahren gebetet wird.

Herr, du hast mich erforscht und du kennst mich.
Ob ich sitze oder stehe, du weißt von mir.
Von fern erkennst du meine Gedanken.
Ob ich gehe oder ruhe, es ist dir bekannt;
du bist vertraut mit all meinen Wegen.
Noch liegt mir das Wort nicht auf der Zunge –
du, Herr, kennst es bereits.
Du umschließt mich von allen Seiten
und legst deine Hand auf mich.
Zu wunderbar ist für mich dieses Wissen,

zu hoch, ich kann es nicht begreifen.
Wohin könnte ich fliehen vor deinem Geist,
wohin mich vor deinem Angesicht flüchten?
Steige ich hinauf in den Himmel, so bist du dort;
bette ich mich in der Unterwelt, bist du zugegen.
Nehme ich die Flügel des Morgenrots
und lasse mich nieder am äußersten Meer,
auch dort wird deine Hand mich ergreifen
und deine Rechte mich fassen.
Würde ich sagen: «Finsternis soll mich bedecken,
statt Licht soll Nacht mich umgeben»,
auch die Finsternis wäre für dich nicht finster,
die Nacht würde leuchten wie der Tag,
die Finsternis wäre wie Licht.
(aus dem Psalm 139)

„Bette ich mich in der Unterwelt" darf als klare Anspielung auf
einen Zustand nach dem Versterben, zumindest aber auf
eine Phase der großen Ungewissheit gedeutet werden. Dasselbe gilt auch für die *Finsternis, die mich bedeckt,* und die doch
durch Gottes Anwesenheit so hell leuchtet wie der Tag. Und
doch darf ich „*die Flügel des Morgenrots nehmen",* eine Metapher
für die Hoffnung, die nach der langen Nacht am Morgen
neu erwacht, und mich auch am äußersten Meer, am Rande
der bekannten Welt, nicht verlassen wird. Denn Gott, der
meine Gedanken, meine Worte, aber auch meine Ängste
und Verzagtheiten kennt, wird mich von allen Seiten um-

schließen und seine Hand liebevoll auf mich legen. Er wird auch meine allergrößte Finsternis, die Nacht meiner Trauer oder meiner eigenen Todesangst erleuchten, und mir den Weg in die Ewigkeit – den eigenen wie auch den eines von mir geliebten Menschen – weisen. Die Aussicht auf dieses helle Licht, auf dieses wundersame Erleuchtetwerden auch in der finstersten Stunde meines Daseins erlaubt mir, auch in Zeiten der Trauer über einen erlittenen Abschied mutige Zeichen zu setzen: Ich weigere mich, zu einer Trauerfeier im tiefen Einheitsschwarz zu erscheinen, und bin gerne einer der Wenigen, wenn nicht der Einzige, der mit meinem weißen Jackett ein Zeichen gegen den Tod setzt. Niemals würde ich zu einer Trauerfeier, der ich vorstehen darf, den früher üblichen schwarzen Rauchmantel oder eine schwarze Stola anziehen, denn es wäre Verrat an meinen festen Glaubensgrundsätzen. Ich verurteile niemanden, der sich den allgemeinen Gepflogenheiten und Kleidertraditionen unterwirft, doch für mich persönlich kommt es nicht in Frage. An jedes Grab, an das ich in meinem liturgischen Dienst als Diakon trete, nehme ich eine kleine Osterkerze mit, die die Angehörigen des Neu-Seligen dann mit nach Hause nehmen dürfen. Auch bestehe ich darauf, den Verstorbenen mit einem Osterlied in die selige Ewigkeit zu verabschieden.

Ein paar Tage nach einem Begräbnis kehre ich auf den Friedhof zurück und gehe zum Grab des Seligen, den ich vor Kurzem beerdigt habe. Ich bleibe am Kopfende stehen und berühre mit meinen Fingern sanft den Namenszug auf dem neuen Grabkreuz. Es ist nicht meine Sache, andächtig und stumm, mit gekreuzten Händen und gesenktem Blick hier zu stehen, und eines „Toten" zu gedenken. Ich spüre die Dynamik der einzelnen Buchstaben in meinen Fingerspitzen und erlebe bereits jetzt einen Hauch der Lebendigkeit, der aus dem geschriebenen Namen hervorgeht.

Herr gib ihm/ihr die ewige **Freude**
und das ewige Licht leuchte ihr/ihm
Lass ihn/sie **leben** in Frieden – Amen.

Das Leben geht weiter – für beide Seiten

Ich habe mich jetzt also endgültig für das Leben entschieden, und werde den Begriff „Tote" zukünftig ablehnen. Ich führe mit Dir eine lebendige Beziehung, spreche sehr oft zu Dir und erhalte tief in meinem Herzen manche froh machende Antwort. Und doch ist es nicht mehr dasselbe, wie zu Deinen weltlichen Lebzeiten. Es hat sich durch Deinen physischen Abschied sehr viel verändert, und manches Mal wird auch künftig die Sehnsucht nach Deiner greifbaren Gegenwart bleiben.

„Aber das Leben geht doch weiter", diesen Satz habe ich im Zusammenhang mit einem Sterbefall sicherlich schon oft gehört oder auch selbst schon verwendet. Und dabei haben wir eigentlich immer und ausschließlich die Zurückgebliebenen, die „Überlebenden" gemeint. Doch wie sieht es mit den Verstorbenen, den Seligen aus, die „die Flügel des Morgenrotes" genommen haben, wie der Psalm 139 es ausdrückt? Hoffen wir darauf, dass sie uns immer und uneingeschränkt zur Verfügung stehen? Oder kann es auch sein, dass ein geliebter verstorbener Mensch uns das eine oder andere Mal zu verstehen gibt, er hätte jetzt gerade keine „Zeit", so wie ich es im Traum mit meinem seligen Vater selbst erlebt habe? Wie kann ein ewiges Wesen keine Zeit haben, wenn doch in der Ewigkeit die Zeit keinerlei Rolle (mehr) spielt?[14] Sehr wahrscheinlich ist es eine Berücksichtigung meines eigenen Zeitverständnisses und meiner Gewohnheit, auch nur zu bestimmten Zeiten mit dem geliebten, seligen Menschen in Verbindung treten zu wollen, und es ein anderes Mal eben nicht zu tun. Die bleibende Liebe zwischen uns beiden gebietet es auch mir als Diesseitigem, die uneingeschränkte Souveränität des Anderen zu akzeptieren und sie ihm auch von Herzen zu gönnen. Jede erneute geistige Begegnung wird so, gerade weil sie nicht uneingeschränkt zur Verfügung steht, zu einem immer wieder besonderen Moment, an dessen Erinnerung ich mich bis zur nächsten Begegnung erfreuen und laben kann.

---

[14] vgl.: Günter Kaiser: Allezeit und Ewigkeit, BoD 2019

Der Titel dieses Buches ist *„Was sucht ihr die Lebenden bei den Toten?"*, und diese Unterscheidung lädt uns zum Überdenken unseres Umgangs mit unseren Verstorbenen ein. Über einen „Toten" könnten wir - zumindest geistig – frei und nach Gutdünken verfügen, denn er läge im Grab und könnte sich nicht gegen unsere Vereinnahmungen wehren. Bei einem/einer Lebenden sieht das, wie beschrieben, ganz anders aus, er/sie bleibt ein eigenständiges, souveränes Wesen, auch über die Grenzen des irdischen Lebens hinweg. Es bleibt also unsere Entscheidung, ob wir es lieber mit einem „Toten" oder aber mit einem Lebendigen zu tun haben möchten, der sich jedoch unserem stetig verfügbaren Zugriff auch in Freiheit entziehen kann. Das Evangelium des Ostermorgens bringt es nochmals auf den Punkt: Er ist ein Lebendiger, er ist auferstanden, aber er ist nicht hier:

Während sie (die drei Frauen am Grabe Jesu) ratlos dastanden, traten zwei Männer in leuchtenden Gewändern zu ihnen. Die Frauen erschraken und blickten zu Boden. Die Männer aber sagten zu ihnen: Was sucht ihr den Lebenden bei den Toten? Er ist nicht hier, sondern er ist auferstanden. (Lukas 24)

Jesus ist als bereits Ewiger völlig frei in seinem Erscheinen und im Entziehen aus den Blicken seiner Freunde. Er teilt damit eine Eigenschaft seines Vaters Jahwe, der als Gott Israels bei aller Fürsorge seinem auserwählten Volk gegenüber dennoch absolut unverfügbar bleibt, und sich in seinen

Entscheidungen als vollkommen souverän erweist. Wenn wir die Freude der Jüngerschar über Jesu Auferstehung ehrlich teilen und auf unsere geliebten Seligen übertragen wollen, so müssen und dürfen wir ihnen mit demselben Respekt, und immer auf Augenhöhe begegnen.

Mit einem kleinen Gebet möchte ich dieses Buch nun beschließen, und allen Leserinnen und Lesern, Suchenden und Trauernden, Hoffenden, Glaubenden und Liebenden einen guten Weg durch, aber auch Ausweg aus den belastenden Tagen, Monaten und Jahren des Abschieds wünschen:

Du mein(e) geliebte(r), unvergessene(r) [Name]

Du bist für mich wie eine Kerzenflamme: Nicht greifbar, jedoch fühlbar und spürbar. Selbst wenn sie weit weg von mir brennt, sehe ich ihr Licht und ahne ihre Wärme. Ihr Licht erleuchtet meine Dunkelheit, und ihr Schein durchdringt die Kälte in mir. Sei Du in mir Lebendige(r) und nicht Tote(r); sei mein rettendes Ufer der Hoffnung und für immer das Ziel meiner Liebe. Stärke meinen Glauben und baue mein erschüttertes Vertrauen wieder auf. Sei Du mir seliger Kerzenschein – heute, morgen und bis hinein in Gottes Ewigkeit. *Amen*

LEBEN

Quellenverzeichnis

Die Bibel, Einheitsübersetzung, 1.Auflage 2016, Lizenzausgabe der Katholischen Bibelanstalt GmbH Stuttgart; ISBN 978-3-460-44000-5

Hinweis: Sämtliche Texte der Heiligen Schrift sind, soweit nicht anders gekennzeichnet, dieser Ausgabe entnommen. Es wird, außer zu Beginn dieses Buches, nicht mehr gesondert auf diese Quelle hingewiesen.

Gotteslob, Katholisches Gebet- und Gesangbuch, herausgegeben von den (Erz-)Bischöfen Deutschlands und Österreichs und dem Bischof von Bozen-Brixen, © 2013 Katholische Bibelanstalt GmbH, Stuttgart

Die Hütte – Ein Wochenende mit Gott, William Paul Young, Windblown Media Inc., Deutsche Ausgabe: Ullstein Buchverlage GmbH, 22.Auflage 2018

Kleines Konzilskompendium, Karl Rahner, Herbert Vorgrimler, 32.Auflage, Herder 1966

Allezeit und Ewigkeit, Günter Kaiser, BoD-Books on Demand; 1.Auflage 2019; ISBN 978-3-7494-7161-4

Dr. med Eben Alexander: Blick in die Ewigkeit, Wilhelm Heyne Verlag, München; 13.Auflage 05/2016

Bildverzeichnis:

Cover: Glasfenster Resurrection des morts, Sainte-Chapelle de Paris, Bild gemeinfrei auf Wikimedia 2016

S10: Sonnenuntergang bei Rovinj, Kroatien;
Foto: G.Kaiser 2017

S28: Glasfenster, Pfarrkirche Heilige Familie Freiburg i.Br.
Foto: G.Kaiser 2019

S52: Friede befreit, Metallplastik; Foto: G.Kaiser 2017

S76: Hand in Hand; Foto: K.Nägele 2020

S100: Lebendiger Stuhl; Foto G.Kaiser 2018

S19, 65, 89: Wegweiser: Fotomontagen, G.Kaiser 2020